Jutta Ditfurth
Rudi und Ulrike

Jutta Ditfurth

Rudi und Ulrike

Geschichte einer Freundschaft

Droemer

Besuchen Sie uns im Internet:
www.droemer.de

Die Folie des Schutzumschlags sowie die Einschweißfolie sind
PE-Folien und biologisch abbaubar.
Dieses Buch wurde auf chlor- und säurefreiem Papier gedruckt.

Copyright © 2008 bei Droemer Verlag.
Ein Unternehmen der Droemerschen Verlagsanstalt
Th. Knaur Nachf. GmbH & Co. KG, München
Alle Rechte vorbehalten. Das Werk darf – auch teilweise – nur mit
Genehmigung des Verlages wiedergegeben werden.
Umschlaggestaltung: ZERO Werbeagentur, München
Umschlagabbildungen: berlinpresseservice / Klaus Mehner,
picture-alliance / dpa / Fritz Reiss
Reproduktion: Vornehm, München
Satz: Adobe InDesign im Verlag
Druck und Bindung: CPI – Ebner & Spiegel, Ulm
Printed in Germany
ISBN 978-3-426-27456-9

2   4   5   3   1

»Wir sind nicht hoffnungslose Idioten der Ge-
schichte, die unfähig sind, ihr eigenes Schicksal
in die Hand zu nehmen. Das haben sie uns
jahrhundertelang eingeredet. [...] Wir können
eine Welt gestalten, wie sie die Welt noch nie
gesehen hat, eine Welt, die sich auszeichnet,
keinen Krieg mehr zu kennen, keinen Hunger
mehr zu haben, und zwar in der ganzen Welt.
Das ist unsere geschichtliche Möglichkeit.«

Rudi Dutschke, Dezember 1967[1]

Inhalt

Anhang

Prolog

Ulrike Meinhof und Rudi Dutschke waren Kriegskinder im Osten Deutschlands, als das »Tausendjährige Reich« im Mai 1945 endlich besiegt war, Ulrike war zehn, Rudi fünf Jahre alt.

Rudi Dutschke wurde am 7. März 1940 in Schönefeld geboren, einem Dorf südlich von Berlin. Er war der vierte Sohn von Elsbeth und Alfred Dutschke. Der Vater war ein nationalkonservativer Arbeiter und vom ersten Tag an Soldat im Krieg. Die Mutter, die aus einer Bauernfamilie stammte, erzog Rudi konservativ und christlich. Ab 1943 lebte die Familie in der Kreisstadt Luckenwalde. 1947 kam der Vater aus der Kriegsgefangenschaft zurück.

Für einen »Streber« war der Schüler Rudi zu frech und zu wild, für einen »Rabauken« zu fleißig und zu gut in der Schule. Er las viel. Der Langeweile der Kleinstadt entkam er durch seine Leidenschaft für Sport: Fußball, Hochsprung, Raufen. Er gewann sehr gern und trainierte diszipliniert. Er wollte unbedingt Sportreporter werden.

Ulrike Meinhof wurde am 7. Oktober 1934 in Oldenburg geboren. Ihr Vater Werner Meinhof war ein ehrgeiziger NS-Kunsthistoriker. 1936 wurde er Direktor des Stadtmuseums Jena. Er starb 1940. Die Mutter verliebte sich in Renate Riemeck, eine junge NS-Historikerin, der die NSDAP eine große Karriere voraussagte. 1946 traten Ingeborg Meinhof und Renate Riemeck in Oldenburg in die SPD ein und hielten enge Beziehungen zur Meinhofschen Großfamilie, die sich ihrer NS-Vergangenheit nicht stellte. 1949 starb Ingeborg Meinhof. Ulrike Meinhof war jetzt Vollwaise, Renate Riemeck wurde ihre Pflegemutter. Ulrike Meinhof machte in Weilburg/Lahn Abitur und begann 1955 in Marburg zu studieren.[2]

Rudi Dutschke und Ulrike Meinhof politisierten sich in den fünfziger Jahren – sie in Oldenburg, Weilburg, Marburg, Wuppertal und Münster, er, ein paar Jahre später, in Luckenwalde/DDR. Sie verstanden sich zunächst als christliche Sozialisten.

Beide waren – sie 1958/59, er von 1965 bis 1968 – Mitglieder des Sozialistischen Deutschen Studentenbunds (SDS), der damaligen Studentenorganisation der SPD. Ulrike Meinhof trat 1959, nach harten Auseinandersetzungen mit der SPD um die Frage der Atomrüstung und des Umgangs mit der DDR, aus dem SDS aus und kam so ihrem Rauswurf zuvor. 1961 dann warf die SPD alle SDS-Mitglieder aus der Partei. Der nun SPD-unabhängige SDS war gezwungen, sich zu emanzipieren, und konnte so 1967/68 Träger der Ereignisse werden.

Rudi Dutschke, der seit 1961 in Westberlin studierte – nicht Sport, sondern Soziologie –, trat 1965 in den

SDS ein, er kam aus der Westberliner Gruppe der »Subversiven Aktion«.

Meinhof und Dutschke kämpften für eine Humanisierung, schließlich eine revolutionäre Umwälzung der gesellschaftlichen Verhältnisse in der Bundesrepublik. Beide sahen sich in engem Bündnis mit antikolonialen Befreiungsbewegungen in Lateinamerika, Afrika und Asien. Im Zentrum stand der Widerstand gegen den Krieg in Vietnam.

Nur zwei Jahre lang, von 1967 bis 1969, verliefen die Wege von Ulrike Meinhof und Rudi Dutschke parallel; sie wurden Freunde, davon handelt diese Geschichte. Ihre Freundschaft war nur wenigen bekannt.

Wäre die RAF entstanden, wenn Benno Ohnesorg nicht ermordet worden wäre? Wäre Ulrike Meinhof Mitglied der RAF geworden, hätte ein Attentäter Rudi Dutschke nicht in den Kopf geschossen?

Aus den Niederlagen der Revolte von 1968 zogen Ulrike Meinhof und Rudi Dutschke unterschiedliche Schlussfolgerungen: Er wandte sich 1979 den Grünen zu, sie entschied sich 1970 für den bewaffneten Kampf mit der RAF. Nach dem Tod von Benno Ohnesorg 1967 und nach den lebensgefährlichen Verletzungen von Rudi Dutschke 1968 fühlten sich viele Linke in der von alten Nazis in höchsten Staatsämtern und gesellschaftlichen Positionen durchsetzten Bundesrepublik wie »Freiwild«. Sie zogen daraus den Schluss, sich zu wehren und notfalls auch zu bewaffnen.

Noch 1969 waren Meinhof und Dutschke – im Gleichklang mit der Mehrheit des Vietnamkongresses von 1968 – einig darüber, dass es richtig sei, notfalls auch mit Sabotage gegen Kriegsschiffe vorzugehen, um den Krieg in Vietnam beenden zu helfen. Über den Weg in die Illegalität dachte Rudi Dutschke 1969 nach, ein Jahr bevor Ulrike Meinhof sich dafür entschied. Noch 1977 verteidigte Dutschke militante Aktionen. Aber er hat sich seit dem Attentat auf ihn nicht mehr praktisch an illegalen Aktionen beteiligt.

Beide starben an den deutschen Verhältnissen. Ulrike Meinhof hing am Morgen des 9. Mai 1976 am Fenstergitter ihrer Gefängniszelle im Hochsicherheitstrakt Stuttgart-Stammheim; immer noch gibt es Zweifel an der Todesursache. Rudi Dutschke erlag am 24. Dezember 1979 den Spätfolgen des Attentats vom 11. April 1968.

1

Das Attentat

(11. April 1968)

Josef Erwin Bachmann, dreiundzwanzig Jahre alt, blass, akkurat gescheitelt, stieg nach mehr als elf Stunden Fahrt am Morgen des 11. April 1968 am Berliner Bahnhof Zoo aus; er war mit dem Interzonenzug aus München gekommen. Kein westdeutscher Grenzbeamter und kein DDR-Volkspolizist hatte die Pistole entdeckt, die seine Wildlederjacke an der linken Schulter leicht ausbeulte, und auch die zweite Pistole nicht oder die hundert Schuss Patronen, die er in seiner Reisetasche zwischen der Wäsche versteckt hatte.

Josef Bachmann wurde am 12. Oktober 1944 in Sachsen als nichteheliches Kind einer Rotkreuz-Hilfsschwester und eines Soldaten geboren. Als er zwölf war, nahm ihn seine Mutter aus der DDR mit in den Westen, nach Nordrhein-Westfalen. Es ging ihm nie wirklich gut. Josef Bachmann scheiterte als Hilfsschüler, als Lehrling und als Hilfsarbeiter. Er liebte Mopeds, Motorräder und Waffen – Dinge, die für ihn unerreichbar waren; um seine Träume trotzdem verwirklichen zu können, stahl er das Geld, das er dafür brauchte. Er hatte bereits einige Monate Gefängnis hinter sich, als er mit einem Freund nach Frankreich abhaute. Dort

13

schoss er auf einen Polizisten, wofür er zehn Monate im Gefängnis saß.

Sechs Wochen nach Benno Ohnesorgs Tod am 2. Juni 1967 kam Bachmann auf der Suche nach Arbeit für kurze Zeit ins brodelnde Westberlin. Er las die *Deutsche Nationalzeitung*, denn er hasste den Kommunismus. Es könnte ihm missfallen haben, dass, als Folge der Ereignisse um den Schahbesuch, im September zuerst Innensenator Wolfgang Büsch zurücktreten musste, dann Polizeipräsident Erich Duensing und kurz darauf der Regierende Bürgermeister Heinrich Albertz. Waren nicht diese Roten und Langhaarigen an allem schuld?

Bachmann wechselte seine Jobs häufig und verlor den letzten, weil er während der Arbeit Alkohol getrunken hatte. Im Oktober 1967 beschloss er, Westberlin zu verlassen, nach Frankreich zu gehen und Fremdenlegionär zu werden. Nach acht Tagen Ausbildung setzte man ihn dort jedoch an die Luft, er galt als zu unreif. Vor Wut betrank er sich und kam mit einer Alkoholvergiftung ins Krankenhaus. Danach zog er als Hilfsarbeiter über Peine und Innsbruck nach München, wo er Jobs kündigte, andere verlor. Seinen letzten Job als Eisenschutzwerker und Anstreicher in München kündigte er am 8. April 1968 und gab an, nach Westberlin reisen zu wollen. Ihr werdet noch von mir hören, prahlte er vor Arbeitskollegen, kurz bevor er am Abend des 10. April in München den Zug nach Westberlin bestieg.

Während der Fahrt las Josef Bachmann den *Spiegel*

und die *Bild*-Zeitung, vor allem aber die *Nationalzei-tung*, die fünf Fotos von Rudi Dutschke wie Fahndungsfotos präsentierte und dazu die Schlagzeile gesetzt hatte: »Stoppt Dutschke jetzt!«[3] In Berlin angekommen, versetzte er in der Kantstraße sein Kofferradio für 32 D-Mark, dann ging er zurück zum Bahnhof Zoo, kaufte sich Brötchen und eine Wurst und setzte sich auf eine Bank, um sie zu verspeisen. Es war der 11. April 1968, Gründonnerstag.

Zur gleichen Zeit saß Ulrike Meinhof am Schreibtisch ihrer großen Altbauwohnung in der kopfsteingepflasterten Goßlerstraße im feinen Berlin-Dahlem und schrieb. Wie immer stand eine große Kanne Kaffee vor ihr, und der Aschenbecher füllte sich rasch. Wenn sie mal nicht schrieb, rollte sie die Banderole der Zigarettenschachtel zwischen ihren Fingern. Das war eine alte Angewohnheit. Das Haus Nummer 3 lag zwischen Bürgervillen mit großen Grundstücken, einen Garten für ihre fünfjährigen Zwillinge besaß es auch. Die Wohnung hatte sogar einen Telefonanschluss, keine Selbstverständlichkeit in der damaligen Zeit. Die Miete war preiswert, vielleicht weil bald, nur zwei Grundstücke weiter, die alles übertönenden Bauarbeiten für eine Schnellstraße beginnen sollten.

Von Beginn an hatte die bekannte linke Publizistin mit der Außerparlamentarischen Opposition (APO) sympathisiert. Das hatte ihr Konflikte mit vielen alten Bekannten eingebracht, auch den endgültigen Bruch mit ihrer früheren Pflegemutter Renate Riemeck, die die APO verabscheute.

15

Die Historikerin Riemeck verschwieg bis an ihr Lebensende 2003 ihre NSDAP-Mitgliedschaft und ihre Nazi-Karriere am Historischen Institut der Universität Jena.[4] Riemeck arbeitete in den fünfziger Jahren mit der verbotenen KPD zusammen und war bei der Bundestagswahl 1961 Spitzenkandidatin der Deutschen Friedensunion (DFU). Nach dem Misserfolg bei der Wahl – zu dem der Bau der Mauer im August 1961 beigetragen hatte – hatte sich Ulrike Meinhofs frühere Pflegemutter aus der Politik zurückgezogen und sich wieder, wie schon in ihrer Jugend, den Anthroposophen zugewandt. Sie lebte jetzt mit ihrer Lebensgefährtin, Haushälterin und Sekretärin Holde Bischoff in Eppenhain im Taunus.

Anfang Februar 1968 hatte Ulrike Meinhof in Hamburg die Scheidung eingereicht, ihre Sachen gepackt, ihre fünfjährigen Zwillingstöchter ins Auto gesetzt und die Stadt sowie eine miserable Ehe hinter sich gelassen. Sie hatte nur kurz überlegt, wohin sie ziehen sollte: Westberlin war am interessantesten.

Hier war das politische Leben am aufregendsten, hier hatte sie die meisten Freunde – unter ihnen Rudi Dutschke –, es gab den Republikanischen Club (RC), den SDS und ein hochpolitisches kulturelles Leben. Bis sie in ein paar Wochen eine Wohnung in Westberlin gefunden haben würde, sollten ihre Kinder bei Holde Bischoff und Renate Riemeck bleiben, wo sie seit ihrer Geburt oft die Ferien verbracht hatten. Unabhängig davon, dass Ulrike Meinhof den Kontakt zu Renate Riemeck abgebrochen hatte, wusste sie ihre Töchter bei Holde Bischoff in guten Händen, und sie hatte den Eindruck, dass die Kinder gern dort waren, also übergab sie die Mädchen in Hannover »Tante Holde«, die mit ihnen ins hessische Eppenhain fuhr.

Danach hatte sich Ulrike Meinhof mit Rudi Dutschke verabredet, die Freunde wollten zusammen durch die DDR nach Westberlin fahren. Das war auch eine gute Gelegenheit, um über vieles in aller Ruhe zu reden, ohne dass die falschen Ohren mithörten. Sie hatten eine Menge gemeinsame Themen: die Vorschläge ihres gemeinsamen Freundes Giangiacomo Feltrinelli für Sprengstoffanschläge gegen Kriegsschiffe und gegen Einrichtungen der USA. Der kurz bevorstehende Vietnamkongress. Das Tribunal gegen den Axel-Springer-Verlag. Das Institut, das beide mit anderen politischen Freunden gründen wollten und das der engeren Zusammenarbeit mit Linken in den kapitalistischen Zentren und mit Befreiungsbewegungen in der »Dritten Welt« dienen sollte; die Neugründung sollte zuerst »Che Guevara Institut« heißen, nach dem bewunderten Revolutionär, der kürzlich in Bolivien ermordet worden war.

Und außerdem gab es dramatische Ereignisse in Vietnam. In Südvietnam hatte die Nationale Front für die Befreiung Südvietnams (FNL) mit der Tet-Offensive begonnen. Die schlecht ausgerüsteten Partisanen stürmten herbei »wie aus dem Nichts«, eroberten die großen Städte und besetzten sogar die US-Botschaft mitten in der von feindlichen Truppen starrenden Metropole Saigon. Der Oberbefehlshaber der US-Streitkräfte, General William C. Westmoreland, forderte von Washington mehr als zweihunderttausend zusätzliche Soldaten.[5]

Die Vietnamkriegsgegner in aller Welt, auch Rudi Dutschke und Ulrike Meinhof, waren von der Tet-Offensive tief beeindruckt. Wenn diese schlechtbewaffnete Partisanenarmee so viel Mut hatte, wie stand es dann um den Mut und die praktische Solidarität der Linken im wohlhabenden Teil der Welt?

Rudi Dutschke setzte sich also an diesem Februartag 1968 in Hannover auf den Beifahrersitz von Ulrike Meinhofs dunkelblauem Renault 4. Aber die Reise verlief nicht nach Plan. Sie waren schon losgefahren, als sie im Radio hörten, dass in Westberlin vor ein paar Tagen ein junger Mann halb totgeschlagen worden war, nur weil er Rudi Dutschke ähnelte. Das war bezeichnend für das Klima in der Stadt. Wenige Tage später würde der Regierende Bürgermeister von Westberlin, Klaus Schütz, vor dem SPD-Parteitag gegen die APO hetzen und unter dem Beifall der meisten Delegierten sagen: »Ihr müsst diese Typen sehen. Ihr müsst ihnen ganz genau ins Gesicht sehen. Dann wisst ihr, denen geht es nur darum, unsere freiheitliche Grundordnung zu zerstören!«[6] Das war, so sah es die APO, gleichbedeutend mit der Aufforderung, ihnen ins Gesicht zu schlagen.

Was sollten sie tun? War die Fahrt im Pkw noch sicher für Rudi – nur von Ulrike »beschützt«? Die Gefahr drohte ihm nicht auf der Transitstrecke durch die DDR, sondern in Westberlin, wenn irgendwelche wildgewordenen Kleinbürger ihn im Auto erkannten und attackierten. Sie diskutierten. Schließlich entschied sich Rudi Dutschke, nach Berlin zu fliegen, dort konnten ihn Freunde am Flughafen abholen. Ulrike Meinhof wendete und brachte ihn zum Flughafen Hannover.

So war sie an diesem Februartag allein durch die DDR gefahren. Probleme an einer der beiden DDR-Grenzen musste sie nicht befürchten. Sie war von 1958 bis 1964 Mitglied der illegalen Kommunistischen Partei Deutschlands (KPD) gewesen. Aus jenen Jahren stammten Freundschaften zu Politikern und Künstlern in der DDR, die Meinhofs Parteiaustritt sowie ihre scharfe Kritik an der KPD und der SED überdauert hatten. Bekäme sie bei einem Grenzübertritt Probleme, müsste sie nur telefonieren.

Die Bundesrepublik Deutschland war mit dem Verbot der KPD von 1956 das einzige europäische Land neben der spanischen Diktatur unter Generalissimo Franco, in dem die Kommunistische Partei verboten war. Mitglieder und Anhänger der Partei waren strafverfolgt und in die Illegalität getrieben worden, das Vermögen der KPD und ihrer Institutionen wurde enteignet. Die Führung der KPD saß im Ostberliner Exil, wohin Ulrike Meinhof, als sie noch KPD-Mitglied war, oft reiste. Und auch danach hatte sie oft jene bestimmte Tür an der Grenzstation Bahnhof Friedrichstraße in Berlin passiert, wenn sie politische Verabredungen hatte.

Jetzt, am 11. April 1968, zwei Monate nach ihrem Umzug nach Berlin, sah sie vom Schreibtisch aus dem Fenster ihrer neuen Wohnung. Es war ein schöner

Frühlingstag, sie rauchte und rollte wie immer die Banderole der Zigarettenschachtel. Dann senkte sie den Kopf wieder übers Manuskript.

In der Zwischenzeit hatte sich Josef Bachmann bei den Taxifahrern am Bahnhof Zoo erkundigt, wo Rudi Dutschke wohnte. Einer schickte ihn zur Kaiser-Friedrich-Straße 54, zur Kommune I – ob »roter Rudi« oder die Kommunarden, es war doch alles das gleiche »Dreckspack«. Dort sagte ihm Rainer Langhans, er wisse auch nicht, wo Rudi wohne, und empfahl Bachmann, beim SDS am Kurfürstendamm zu fragen.[7] Aber telefonisch gab ihm weder der SDS noch das Einwohnermeldeamt Auskunft. Um 15 Uhr zahlte Bachmann schließlich bei der Meldestelle eine Mark Gebühr und erhielt dafür einen Zettel: »Rudi Dutschke, Student, 1000 Berlin 31, Kurfürstendamm 140, bei Mahler«.

Mit dem Bus fuhr Bachmann erst einmal zurück zum Bahnhof Zoo, verspeiste eine Linsensuppe und zwei Buletten und lief dann, frisch gestärkt, zur angegebenen Adresse. Unschlüssig ging er in das Haus Nummer 140 hinein – wo auch der SDS sein Büro hatte – und unverrichteter Dinge wieder hinaus. Er erwog, zurück nach München zu fahren, wo, wie er wusste, einige Tage später Rudi Dutschke einen Vortrag halten würde. Das wäre doch auch eine Gelegenheit.

Im Fortgehen, beim Überqueren des Ku'damms, drehte Bachmann sich auf dem Mittelstreifen noch einmal um und sah plötzlich, wie Rudi Dutschke sein Fahrrad aus dem Haus rollte. Josef Bachmann kehrte um.

Es war reiner Zufall, dass Rudi Dutschke hier war.

Aus Sicherheitsgründen wohnten die Dutschkes zu der Zeit bei dem Theologen Helmut Gollwitzer und seiner Frau Barbara in Dahlem. Ein Fernsehautor hatte Rudi kürzlich gefragt: »Schon fünfmal haben Sie in den letzten Monaten Ihre Wohnung gewechselt. Beim letzten Mal hatten Unbekannte Stinkbomben durch den Briefschlitz geworfen und mit roter Farbe neben die Türe geschmiert: ›Vergast Dutschke!‹ Haben Sie manchmal Angst, dass Ihnen einer über den Kopf schlägt?« Und Rudi hatte geantwortet: »Nicht Angst. Das kann passieren. Aber Freunde von mir passen auf. Normalerweise fahre ich nicht allein rum. Es kann natürlich irgendein Neurotiker oder Wahnsinniger mal 'ne Kurzschlusshandlung durchführen.«[8]

Aber wie so oft war Rudi doch allein mit seinem rostroten Fahrrad von Dahlem in die Stadt geradelt, ganz ohne Schutz. Er schrieb an einem Text über den Prager Frühling und wollte Materialien über dieses Thema aus dem SDS-Büro holen und bei der Gelegenheit in der Nähe eine Apotheke aufsuchen, um Medizin für seinen drei Monate alten Sohn Hosea Che zu kaufen.

Rudi Dutschke rollte sein Fahrrad auf den Kurfürstendamm. Ein paarmal sah er sich um, so wie er es sich in den letzten Monaten angewöhnt hatte, schließlich hatte er »die ganze Hetzzeit nicht vergessen«.[9] Den Mann, der sich da über die befahrene Straße schlängelte, beachtete er nicht. Später meinte Rudi sich zu erinnern, dass der Attentäter einem Auto entstiegen war, das gegenüber dem SDS-Büro einparkte.

Die Apotheke, die in der Nähe des SDS-Büros lag, war noch geschlossen, Rudi Dutschke wartete auf dem Fahrrad, ein Bein auf dem Gehweg, eines auf der Straße. Der Mann ging auf ihn zu, am Fahrrad vorbei auf den Bürgersteig, stellte sich etwa zwei Meter vor ihn hin und fragte: »Sind Sie Rudi Dutschke?« Der zögerte nur kurz: »Ja.«[10] Da sagte Josef Bachmann: »Du dreckiges Kommunistenschwein!«, und machte einen Schritt auf ihn zu.

Bachmanns erster Schuss traf in die Wange. Rudi Dutschke fiel auf die Fahrbahn, machte sinnlose Handgriffe, riss sich die Schuhe von den Füßen und die Armbanduhr vom Handgelenk. Bachmann beugte sich zu seinem Opfer hinunter und schoss ihm aus nächster Nähe in den Kopf und in die Schulter. Dann lief er davon.

Rudi Dutschke wachte aus einer kurzen Bewusstlosigkeit auf, erhob sich taumelnd, ging ein paar Schritte und brach erneut zusammen. Zwei Passanten halfen ihm auf eine Bank, legten ihm etwas unter den Kopf. Eine Traube von Menschen sammelte sich um den Niedergeschossenen. Einige schwiegen, andere höhnten, jemand zischte etwas von einem »verdienten Denkzettel«.[11]

Ulrike Meinhof schreckte auf. Sie konnte die Nachricht zuerst überhaupt nicht verstehen. Das Radio meldete, auf Rudi Dutschke sei ein Attentat verübt worden. Schüsse in den Kopf, niemand wisse, ob er überleben werde. Möglicherweise war es die Stimme des Radioreporters Rudolf Wagner vom Tatort am Ku'-

damm, die sie hörte: »Im Augenblick ist die Polizei bei der Spurensicherung. [...] Es sind die beiden Schuhe von Rudi Dutschke noch auf der Straße, es sind Blutflecken zu sehen, sorgsam von Kreidestrichen umrahmt [...]. Und außerdem liegt das Fahrrad noch genau in der Stellung, in der Rudi Dutschke auf den Bürgersteig dann stürzte, nachdem er von drei, vier Schüssen getroffen wurde.«

Ein halbes Jahr zuvor, am 9. Oktober 1967, war Ernesto Che Guevara in Bolivien ermordet worden; nur eine Woche vorher, am 4. April, wurde Martin Luther King auf dem Balkon eines Motels in Memphis, USA, erschossen.[12]

2

Springerblockade

(Ostern 1968)

Aufgewühlt ließ Ulrike Meinhof alles stehen und liegen. Sie rief Freunde vom Republikanischen Club an und im SDS: Wer wusste, ob Rudi überlebt hatte? Was genau war geschehen? Sie raste mit ihrem Auto zum SDS-Zentrum am Ku'damm. Auf der Straße sah sie das Blut, seine Schuhe, das Fahrrad, die Aktentasche. Erst Stunden später erfuhr sie, dass Rudi überlebt hatte. Jetzt, wie auch Monate später, war Ulrike Meinhof überzeugt: »Es war versuchter Mord, Mittäter sind Axel Springer und sein Verlag.« Oder, wie der SDS es formulierte: Die Springer-Zeitungen haben dem Attentäter »die Schusshand gehalten«.[13] »Sie haben einen Freund getroffen, einen ganz besonderen Menschen, einen wunderbaren Menschen. Diese Schweine!«,[14] sagte Ulrike Meinhof.

Während Rudi Dutschke im Westend-Krankenhaus operiert wurde, fuhr Ulrike Meinhof, wie so viele, zum Audimax der Technischen Universität (TU), wo sich bald etwa zweitausend junge Leute versammelten, Studenten, aber auch Schüler, Lehrlinge, junge Arbeiter. Alle waren fassungslos und unruhig. Die Genossen vom SDS hatten zuvor lange beraten, was zu tun sei, und informierten die Wartenden. Einmal hieß es, Rudi sei tot, später aber, dass er eine Überlebenschance von 50 Prozent habe. Bernd Rabehl vom SDS hielt eine wütende Rede im Audimax: »Ich darf daran erinnern, welche Pogromhetze gerade von den Abgeordneten dieses Berliner Senats nach dem 2. Juni [1967] stattfand. Ich erinnere daran, dass ein Neubauer [Innensenator, SPD] und ein Schütz [Regierender Bürgermeister, SPD] anlässlich der Vietnamkonferenz diese außerparlamentarische Opposition zusammenschlagen wollten. Ich erinnere daran, dass auch Neubauer und Schütz zusammen mit der Springerpresse die Verantwortung für einen Mörder tragen, der sich an Rudi herangemacht hat, um ihn niederzuschießen. Und ich spreche ganz deutlich aus, die wirklichen Schuldigen heißen Springer, und die Mörder heißen Neubauer und Schütz!«[15]

An diesem Abend und in der folgenden Zeit forderte die APO den Rücktritt des Senats, die Enteignung des Springerkonzerns und die Demokratisierung der Rundfunkanstalten sowie feste Sendezeiten für die APO. Der SDS gab eine Presseerklärung heraus: »Man kann jetzt schon sagen, dass dieses Verbrechen nur die Konsequenz der systematischen Hetze ist, welche Springerkonzern und Senat in zunehmendem Maße gegen die demokratischen Kräfte in dieser Stadt betrieben haben.«[16] Die Versammlung beschloss, zum Springerhochhaus zu ziehen: Etwa um 21 Uhr 15 liefen die meisten auf der Straße des 17. Juni in Richtung Kochstraße.

Rudi Dutschke hatte vor dem Attentat geplant, bald

für ein, zwei Jahre nach Amerika auszuwandern. Seine Frau Gretchen Dutschke war US-amerikanische Staatsbürgerin. An Herbert Marcuse, der ihm helfen wollte, in den USA bezahlte Arbeit zu finden, damit er seine Familie ernähren konnte, schrieb Dutschke: »Für die revolu.[tionäre] Bewegung im Allgemeinen, für mich und meine Frau im Besonderen scheint mir eine 1-o.[der] 2-jährige Tätigkeit in Amerika – sinnlicher Internationalismus ... sehr günstig zu sein.«[17] Er notierte für sich: »Ich gehe aus Europa nicht weg, weil ich denke, dass alles sinnlos war.«[18] Der Revolutionär wollte die USA kennenlernen und Lateinamerika. Sein Vorhaben war Teil eines politischen Forschungsplans, den er sich selbst auferlegt hatte.

Aber es gab auch andere Gründe: Seine Rolle als Identifikationsfigur für die Revolte war ihm unangenehm, sie widersprach seiner politischen Überzeugung. Er legte öffentlich Rechenschaft ab: »Das bürgerlich-kapitalistische Denken zeichnet sich dadurch aus, dass es gesellschaftliche Konflikte – von Menschen massenhaft gemacht – nur begreifen kann in der Gestalt von Personen [...] So wurde die antiautoritäre Bewegung identisch gesetzt mit Dutschke und personalisiert im fast totalen Sinne [...] Durch diese totale Personalisierung ist ein autoritäres Moment in unsere Bewegung gekommen, das wir eigentlich nur durch ein systematisches Konzept von Kritik und Selbstkritik überwinden können.« Wenn die Herrschenden sagten, »ohne Dutschke ist die Bewegung tot«, so würden die Genossen jetzt, während seiner zeitweiligen Abwesenheit, beweisen können, dass die Bewegung von vielen Menschen getragen wurde.[19] Dass drei Schüsse und nicht seine geplante Forschungsreise nach Amerika nun den Anlass gaben, hatte niemand ahnen können.

Klaus Meschkat, der zu den älteren Mitgliedern des SDS gehörte, als Rudi Dutschke 1965 in den Studentenbund eintrat, und später Professor für Soziologie an der Universität Hannover wurde, sagt rückblickend: »Rudi wollte hierarchisch aufgebaute Führungscliquen aufbrechen und einen neuen Politikstil vorleben – aber er wusste auch von der Gefahr, dabei selbst zu einem Politiker zu werden. Die Wiederbelebung des Gedankens der Rätedemokratie, die Rudi zusammen mit einigen von uns älteren SDSlern damals propagiert hat, sollte solchen Tendenzen entgegensteuern; und auch in der eigenen Organisation schien es uns zwingend geboten, Vorkehrungen dagegen zu treffen, dass sich bestimmte Personen unentbehrlich machen könnten. Rudi hat gewusst, dass die Dauerexistenz eines Berufspolitikers zu den schlimmsten menschlichen Deformationen führen kann […] Rudi spürte, dass auch er gegen die Versuchung nicht gefeit war, als Dauersprecher der APO selbst in dem eitlen Gehabe eines Berufspolitikers zu versacken – und er wollte deshalb auch für seine Person mit dem Prinzip der Rotation ernst machen.«[20]

Die Reisepläne waren so konkret, dass das Gepäck der Dutschkes schon nach Chicago vorausgeschickt worden war, wo Gretchens Vater lebte. Vor der Abreise stand aber noch eine Gerichtsverhandlung an gegen Dutschke und Gaston Salvatore wegen des »Sturms«

auf das Moabiter Gericht. Gaston Salvatore, ein Neffe von Salvador Allende aus Chile, studierte Soziologie und Politologie und war seit 1967 Rudis engster Freund. 1969 sollte er wegen Landfriedensbruchs zu neun Monaten Gefängnis verurteilt werden und anschließend nach Italien emigrieren, wo er noch heute als Schriftsteller lebt.

Und dann gab es 1968 noch eine Einladung an Rudi Dutschke: »Ich freue mich schon auf München und am meisten auf Paris [...] Am 1. Mai werde ich dort eine Rede ...«, schrieb er, unvollendet, in sein Tagebuch.[21] Rudi Dutschke wäre, hätte es den Anschlag auf ihn nicht gegeben, am 1. Mai einer der wichtigsten Redner in Paris gewesen.

Die Ärzte im Westend-Krankenhaus operierten das Projektil heraus, das über der linken Schläfe in Dutschkes Schädel gedrungen war. In einer zweiten Operation holte ein zweites Ärzteteam noch am selben Abend ein weiteres Geschoss heraus, das sich tief in seine rechte Wange gebohrt hatte. Im Krankenhaus warteten Gretchen, Gaston Salvatore und Clemens Kuby, der Sohn des Publizisten Erich Kuby, der an der FU Geschichte, Soziologie, Rechtswissenschaften und Volkswirtschaft studierte und später Filmregisseur wurde.

Gretchen wollte das Telegramm, das ausgerechnet der frühere Nazi und jetzige Bundeskanzler Kurt Georg Kiesinger (CDU) geschickt hatte, nicht lesen, Clemens Kuby zerriss es. Gaston Salvatore erinnert sich: »Es war gespenstisch. Wir haben gelebt mit der Vorstellung, er wird am Leben bleiben. Aber wir wussten nicht, ob er weiter ein Mensch sein würde oder ob er ein Möbelstück geworden« war.[22]

Während die drei im Krankenhaus warteten, hatte Ulrike Meinhof Stefan Aust getroffen. Der Einundzwanzigjährige war im vergangenen Jahr »gleich von der Schule«[23] zu *konkret* gekommen und hatte sich inzwischen fleißig vom Layouter zum Verantwortlichen für die Produktion hochgearbeitet.[24] Ulrike nahm ihn in ihrem Auto mit.

Die Demonstranten blockierten die Tore des Betriebshofs von Springer, um die Auslieferung vor allem der *Bild*-Zeitung zu verhindern. Dazu stellten sie Pkws direkt vor der Ausfahrt ab. Ulrike Meinhof, die alleinerziehende, berufstätige, politisch aktive Mutter, war besorgt und parkte ihr Auto ein wenig seitlich, so dass sie hoffen konnte, es nach der erwartbaren Auseinandersetzung noch nutzen zu können.

Oben auf dem Dach des Gebäudes stand Innensenator Kurt Neubauer (SPD) und beobachtete die Aufstellung seiner Polizeitruppen. Tausende von Demonstranten versperrten die Ausfahrt. Noch hielt die Polizei sich zurück, manche Demonstranten bildeten sich ein, das geschehe aus Rücksicht auf den traurigen Anlass. Steine flogen auf das Verlagsgebäude. Unter den Demonstranten lief, als einer der Ihren betrachtet und im Umfeld der Kommune I agierend, der Arbeiter Peter Urbach herum. Der Spitzel des Westberliner Landesamts für Verfassungsschutz verteilte – unter den Augen seines obersten Dienstherrn, des Innensenators – zündfertige Molotowcocktails aus einem Weidenkorb. Niemand war misstrauisch. Als die Flammen hochschlugen, gab Neubauer Großalarm. Die Polizei räumte die Blockade.

Am Ende dieser Nacht waren zwar einige Lieferwagen abgebrannt, aber die Hoffnung, wenigstens einen Tag lang die Auslieferung der *Bild*-Zeitung zu verhindern, blieb unerfüllt.

Etwa vier Wochen später wurde Ulrike Meinhof zur polizeilichen Vernehmung vorgeladen. Man warf ihr unter anderem vor, mit ihrem Auto zur Blockade des Springer-Verlags beigetragen zu haben. Das bestritt sie und gab an, als Journalistin die Ereignisse nur beobachtet und ihr Auto abseits der Blockade geparkt zu haben. Die Beamten gaben ihr deutlich zu verstehen, dass sie genau wussten, wer sie war. Sie wussten, was sie in Fernsehdiskussionen gesagt und was sie in *konkret* geschrieben hatte. Meinhof war unsicher und hoffte, bei dieser Vernehmung nicht »hereingelegt« worden zu sein. Obwohl sie sechs Jahre lang Mitglied einer illegalen Partei gewesen war, hatte sie noch nicht viele direkte Konfrontationen mit der Polizei gehabt.

Was sie nicht wusste, war, dass der westdeutsche Geheimdienst sie spätestens seit 1959 bespitzelte. Damals, vor neun Jahren, hatte sie die Einladung der DDR für einen vierwöchigen Studienaufenthalt in ihrer alten Heimatstadt Jena angenommen. Ein Spitzel der Bundesrepublik war ihr sogar bei einem Besuch der KZ-Gedenkstätte Buchenwald gefolgt.[25]

»Na, vielleicht sehen wir uns ja bei der nächsten Demonstration wieder«, sagten die Beamten an diesem

Maitag 1968 nach der Vernehmung. Ulrike Meinhof verließ die Polizeidienststelle mit einem unbehaglichen Gefühl.[26]

In den Ostertagen blieb das Audimax der Technischen Universität das Diskussions- und Aktionszentrum. Die Gegner waren Senat, Polizei und jetzt vor allem der Springerkonzern. Peter Gäng, der seit 1964 für den SDS über Vietnam forschte, sagte: »In unseren Aktionen gegen diese Maschinen, gegen Auslieferungen und gegen Gebäude müssen wir immer wieder demonstrieren, dass es uns hier darum geht, eine Manipulationsmaschine zu zerstören, dass wir nicht den Fehler wiederholen werden, den wir nach dem 2. Juni« – als Benno Ohnesorg von einem Polizisten getötet worden war – »gemacht haben, nämlich abstrakt zu fordern: Enteignet Springer!, und nichts dafür zu tun.«[27]

Mindestens zehntausend Linke waren am Tag nach dem Attentat auf den Straßen Westberlins. Alles kam ihnen hoch: Der Krieg in Vietnam, dessen Grauen ihnen nicht mehr aus dem Sinn ging. Die Brutalität, mit der das tägliche Massaker durch die US-Army von der bundesdeutschen Obrigkeit für gut befunden wurde. Dass es immer noch überall in der Gesellschaft Nazis in hohen Positionen gab. Der ungesühnte Tod von Benno Ohnesorg. Das Grinsen des Täters Karl-Heinz Kurras, als er freigesprochen wurde. All die Prügel, Demütigungen und Strafverfolgungen. Und Rudi, von dem keiner wusste, ob er je wieder Rudi sein würde.

Die antiautoritäre Autorität Rudi Dutschke wurde hoch geschätzt. Der Funke sprang über. In vielen Städ-

ten, auch in kleinen, gab es Proteste und Straßenschlachten mit der Polizei, die als »Osterunruhen« in
die Geschichte eingingen. In München starben zwei
Menschen unter ungeklärten Umständen.

Am Tag nach dem Attentat wachte Rudi zum ersten
Mal auf. Der Arzt fragte ihn, wer die Frau da an seinem
Bett sei. »Meine Frau«, antwortete Rudi, aber Gret-
chens Namen wusste er nicht mehr. Er wollte keine
Genossen sehen, niemand sollte wissen, wie es um ihn
stand. Er kannte nur noch ein paar Wörter und konnte
sich kaum noch mitteilen. Bachmann hatte ihm sogar
Wörter wie »Geld« aus dem Kopf geschossen, und
Rudi wusste auch nicht mehr, wo Vietnam lag. Sein
rechtes Gesichtsfeld war eingeschränkt. Er musste den
Kopf drehen, um die Zeilen in einem Buch bis zum
Ende zu verfolgen.

Mit Hilfe seines Freundes, des Psychologen Thomas
Ehleiter, begann Rudi Dutschke wieder lesen und sprechen zu lernen – wie ein Mensch, der ohne ein Wörter-
buch in der chinesischen Provinz ausgesetzt worden
war und sich jedes Zeichen neu erschließen musste.
Die Reden zum 1. Mai in Berlin nahm er im Radio fast
nur als unidentifizierbare Geräusche wahr. Die große
Erste-Mai-Demonstration in Paris fand ohne ihn statt.
Aber die französischen Demonstranten gedachten seiner und lieferten sich Straßenschlachten mit der Polizei.

Etwa einen Monat nach dem Attentat, den er mit
täglichem Training zugebracht hatte, gelang ihm fol-
gender Satz: »Ich habe Fehler gemacht. Ich bin einfach

noch zu jung, um Politiker zu werden. Ich bin achtundzwanzig Jahre alt. Ich muss mich noch mal zurückziehen und an mir arbeiten.«

Das größte Problem war bald, dass er, Gretchen und Ehleiter nicht in ausreichender Ruhe leben und arbeiten konnten. Tausende schrieben. Es kamen Solidaritätsbekundungen, Morddrohungen, Geschenke, Gewehrkugeln, Kinderspielzeug und Autogrammwünsche. Die Presse jagte ihn, ein Blatt bot 80 000 Mark für ein Foto des Geschundenen im Krankenbett. Der SDS-Genosse Horst Mahler gab sich für den Versuch her, Rudi das Einverständnis für eine solche Veröffentlichung abzuringen, denn das Geld würde doch für die Bewegung gebraucht. Aber Rudi erinnerte sich an genug Schimpfworte, um den Anwalt zu verjagen. Ihm war völlig klar: »Mich zu erniedrigen war ich nicht bereit [...] Die Geier des Pressemarkts – wie immer der einzelne Journalist sich geben mag und es subjektiv gut meint, ist dabei völlig unwichtig – wollten das Bild eines Geschlagenen, eines Ausgeschalteten, das Bild eines SDS-Wracks sehen. Der Jugend sollte in letzter Konsequenz gezeigt werden: Geht bloß nicht solch einen Weg, es wird euch wie ihm ergehen. [...] Mit solchen Bildern aus dem Krankenhaus sollte diese Aussichtslosigkeit gefestigt werden – nein, nein, nein.«[28]

Horst Mahler hatte eine politisch rechte Vergangenheit und kehrte später dorthin zurück. Jetzt aber war er ein linker APO-Anwalt, der zwischen 1964 und 1970 Rudi Dutschke, die Kommunarden Fritz Teufel und Rainer Langhans sowie die späteren RAF-Gründer

Andreas Baader und Gudrun Ensslin verteidigte. 1970 beteiligte Mahler sich an der Gründung der RAF, wurde noch im gleichen Jahr verhaftet und 1980 vorzeitig aus der Haft entlassen. 1987 wurde er wieder als Anwalt zugelassen. Seit den neunziger Jahren ist Mahler NPD-Funktionär und tritt als aggressiver Antisemit und Leugner des Massenmords an den deutschen und europäischen Juden auf.

Im Juni 1968 verließ Rudi Dutschke mit Gretchen, Ehleiter und dem kleinen Hosea unter falschem Namen Westberlin und die Bundesrepublik.

3

Ulrike Meinhof

(1958–1961)

Zehn Jahre vorher, im Mai 1958, war die Studentin Ulrike Meinhof in Münster das erste weibliche Mitglied des lokalen SDS geworden. Damals war der Sozialistische Deutsche Studentenbund noch die Studentenorganisation der SPD. Die SDSler betrachteten den Anpassungskurs der Partei mit Argwohn und Abneigung. Als sich 1958 eine große Protestbewegung gegen Atomwaffen entwickelte, versuchte die SPD, diese Bewegung mit einer eigenen Kampagne »Kampf dem Atomtod« zu dominieren und zu steuern. Doch der Protest gegen die Pläne der Adenauer-Regierung ließ sich nicht in Wählerstimmen ummünzen, und die SPD hörte auf, die Antiwaffenkampagne zu unterstützen. Sie ließ das Projekt – zur großen Enttäuschung vieler ihrer Anhänger – fallen.

Nach der aufsehenerregenden Erklärung der »Göttinger 18« – achtzehn angesehene Wissenschaftler, unter ihnen berühmte Atomforscher, die erstmals öffentlich gegen die Atomwaffenpläne von Bundeskanzler Konrad Adenauer (CDU) und seinem Bundesverteidigungsminister Franz Josef Strauß (CSU) protestierten – hatte Ulrike Meinhof angefangen, sich intensiv mit diesem Thema zu befassen. Sie las Bücher über Hiroshima, Robert Jungks *Heller als tausend Sonnen*[29] und hörte im Radio Albert Schweitzers *Rundfunkappell zur Einstellung der Kernwaffenversuche*.[30]

In verschiedenen bundesdeutschen Städten planten studentische Atomwaffengegner für den 20. Mai Kundgebungen. Ulrike Meinhof fand die Idee faszinierend und beschloss, sich »Komplizen« zu suchen, um einen ersten solchen Arbeitskreis in Münster zu gründen.

Forsch ging sie Ende April in den SDS, in die Evangelische Studentengemeinde (ESG) und in den Liberalen Studentenbund (LSD) und gründete mit zwanzig Leuten den »Studentischen Arbeitskreis für ein kernwaffenfreies Deutschland, Münster (Westfalen)«. Bei der Kundgebung hielt sie ihre erste öffentliche Rede.[31] Es gelang ihr, mit einer noch sehr christlich-ethisch begründeten Argumentation viel Aufmerksamkeit zu erregen. CDU-nahe Studenten beschimpften sie daraufhin öffentlich als »Schande dieser Universität«.

Bis zum studentischen Atomkongress Anfang Januar 1959 in Westberlin hatten sich einige Konflikte zwischen SPD und SDS angehäuft. Der Kongress war die bisher größte Veranstaltung studentischer Atomwaffengegner in der Bundesrepublik.[32] Dort wurde die vierundzwanzigjährige Ulrike Meinhof zur Sprecherin der jungen Antiatomopposition.

Die SPD glaubte, sie habe den Kongress durch Finanzmittel und über ihre Verbindungsleute in den rund zwanzig studentischen Atomausschüssen im Griff. Der neue Regierende Bürgermeister von Berlin

Willy Brandt hatte seine Teilnahme abgesagt, er war nicht daran interessiert, seinen weiteren Aufstieg in der SPD durch die Teilnahme an dieser möglicherweise natokritischen Konferenz zu gefährden.[33] An seiner Stelle war Helmut Schmidt gekommen, der stellvertretende SPD-Bundesvorsitzende und Wehrexperte der SPD-Bundestagsfraktion. Die SPD, auf Anpassungskurs Richtung Regierungsfähigkeit, wollte nur unverbindliche »wissenschaftliche« Arbeitsgruppen, folgenlose Proklamationen und einen eindrucksvollen Fackelzug, aber keinen politischen Kongress, der den Kurs der SPD störte.

Es kam anders. Die unbekannte Münsteraner Studentin Meinhof fasste den Unmut der Anwesenden schon beim Eröffnungsplenum in Worte und half erst einmal, demokratische Kongressstrukturen durchzusetzen. Damit waren auch andere als die von der SPD zentral geplanten politischen Beschlüsse möglich. Angestoßen von den anhaltend schlechten Erfahrungen mit der SPD, der sie bis dahin nahegestanden hatte, war Ulrike Meinhof seit Oktober 1958 Mitglied der inzwischen verbotenen KPD, und sie kooperierte eng mit der *konkret*-Gruppe aus Hamburg, die zugleich eine Gruppe der illegalen KPD war. In dieser Gruppe, um die sich weitere KPD-Mitglieder und -Sympathisanten aus anderen Städten scharten, hatte sie sich auf den Kongress vorbereitet, beraten von der KPD-Parteiführung im Ostberliner Exil.

Einem aufmerksamen SPD-Funktionär hätte frühzeitig auffallen müssen, wie enthusiastisch die Kongressteilnehmer die Grußtelegramme SPD-unabhängiger Atomgegner bejubelten und wie viel weniger Zustimmung die ersten offiziellen Redner der SPD fanden.[34] Als Leiterin einer Arbeitsgruppe verwickelte Ulrike Meinhof Helmut Schmidt in eine Diskussion. Der ehemalige Wehrmachtsoffizier Schmidt, noch im März 1958 Starredner der SPD-Bundestagsfraktion gegen die Atomrüstung, hatte seine Reputation unter Pazifisten und Antimilitaristen inzwischen stark beschädigt, weil er offen für die Bundeswehr eintrat und sogar als einer der Ersten an Reserveübungen teilnahm.

Der Kongress beschloss unter engagierter Mitwirkung von Ulrike Meinhof: Die Bedrohung durch Atomwaffen zwinge zu Verhandlungen zwischen BRD und DDR. Ziele seien ein Friedensvertrag und die Prüfung einer zwischenzeitlichen Zusammenarbeit (»interimistische Konföderation«) zwischen BRD und DDR. Etwa 70 Prozent der Kongressteilnehmer stimmten zu. Helmut Schmidt verließ wütend mit einigen Anhängern den Kongress. Mit »Pankow«, wie die DDR im Ton des Kalten Krieges geringschätzig tituliert wurde, reden? Das kam überhaupt nicht in Frage. Dass Willy Brandt zwölf Jahre später für eine »neue Ostpolitik« den Friedensnobelpreis erhalten würde, konnte sich niemand vorstellen.

CDU, SPD und bürgerliche Medien schäumten: über die »Nah- und Fernsteuerung der Kommunisten« (*Tagesspiegel*), über das »Betrugsmanöver der Ostagenten« (*Vorwärts* und *Die Zeit*) und über die »Totengräber unserer Freiheit« (*Berliner Morgenpost*). Nicht zuletzt wütete die CDU über eine »kleine Gruppe ideologischer Söldner im Dienste östlicher Politik«.[35]

Der Publizist Erich Kuby, der in den fünfziger Jahren den Bewegungen gegen die Wiederaufrüstung und gegen Atomwaffen angehörte und die Abschlussresolution des Kongresses mit verfasst hatte, war klüger: »Die Funktionäre der SPD stießen in der Berliner Universität auf eine Jugend, die sie endlich einmal von links her unmissverständlich ausgepfiffen hat. Die Partei kann sich aber nicht darauf hinausreden, es habe sich um einen kommunistischen Protest gehandelt. Ihre Vertreter versagten in dieser Situation, einschließlich Helmut Schmidt. Kurz, die Zukunft warf einen kleinen Schatten voraus.«[36] Ulrike Meinhof, die als Schülerin noch linke Sozialdemokraten bewundert hatte, sagte: »Die SPD hat sich so sehr ins System integriert, dass wir sie fast so scharf angreifen müssen wie die Bundesregierung.«

Noch im Januar 1959 bestellte die SPD-Führung den SDS-Bundesvorstand zum Rapport. Aber der erklärte sich kühl mit den Beschlüssen des Atomkongresses solidarisch und bat alle SDS-Hochschulgruppen, die Studentenschaft über den wahren Verlauf des Antiatomkongresses zu informieren. Flugblätter und Veranstaltungen legten einen ersten Samen für die spätere selbstorganisierte Gegenöffentlichkeit.

Ulrike Meinhof sagte zu einer Freundin: »Das Verbot der KPD hat große Auswirkungen auf die gesamte linke Opposition. Schlimmer, als dass ich mich nicht zur KP bekennen kann, ist es, dass wir uns im SDS nicht offen auseinandersetzen können, weil kein Verdacht aufkommen darf. Aber wenn wir nicht einmal Meinungen aussprechen dürfen, um sie zur Diskussion zu stellen und dann vielleicht zu verwerfen, führt das zu einem Klima der Spekulation, das die Opposition dümmer macht und nicht klüger.« Zu ihren sozialdemokratischen Freunden im SDS, unter ihnen Jürgen Seifert, ging sie auf Distanz.

Jürgen Seifert, Mitglied von SDS und SPD, war 1958 Ulrike Meinhofs Aufforderung gefolgt, den »Studentischen Arbeitskreis für ein kernwaffenfreies Deutschland, Münster (Westfalen)« zu gründen. Trotz aller Konflikte mit der SPD blieb er aber in der Partei, so dass sie bald kein Vertrauen mehr zu ihm hatte. Als Meinhof 1959 ihrem Rauswurf aus dem SDS zuvorkam, blieb Seifert im Beirat. Aber 1961 wurde er mit dem ganzen SDS aus der SPD geworfen. Er wurde später Politikprofessor an der Universität Hannover. Als Ulrike Meinhof in den Untergrund ging, ließen er und seine Frau Monika Seifert – eine Soziologin und Pädagogin, die 1967 Gründerin des ersten antiautoritären Kinderladens war – sie heimlich bei sich übernachten.

Ein zweiter Kongress beschleunigte das kommende Zerwürfnis zwischen SPD und SDS. Auf Initiative des Studentenbunds fand im Mai 1959 in Frankfurt am Main der »Kongress für Demokratie – gegen Restauration und Militarismus«[37] statt. In einer Kampfabstimmung setzten Ulrike Meinhof und ihre politischen Freunde dort die Forderung nach »Abschaffung der allgemeinen Wehrpflicht« durch und nach »Ausschluss von Wehrmachtsoffizieren aus der Bundeswehr, Verhandlungen zwischen beiden deutschen Staaten mit dem Ziel ihrer stufenweisen Zusammenführung und der Anerkennung der Oder-Neiße-Grenze«. Den zugrundeliegenden Antrag, vor allem den Passus über »die Anerkennung der Oder-Neiße-Grenze«, hatte Ulrike Meinhof formuliert. Die Oder-Neiße-Grenze anzuerkennen bedeutete den Verzicht auf Gebietsansprüche in Polen und das Eingeständnis der Kriegsschuld Deutschlands. Erst 1970 wurde die Westgrenze Polens von der Bundesrepublik anerkannt, das letzte Hintertürchen für Gebietsansprüche wurde sogar erst 1990 geschlossen.

In der SPD-Spitze wurden 1959 verschiedene Möglichkeiten durchgespielt, den SDS der Parteilinie zu unterwerfen oder aber gleich ganz aus der Partei zu werfen. Als Freunde aus dem SDS ausgeschlossen wurden und auch ihr der Ausschluss drohte, verließ Ulrike Meinhof im Juli den SDS. Ein paar Monate später folgte sie dem Ruf der KPD nach Hamburg, brach ihr Studium ab und wurde im Oktober 1959 Redakteurin, 1961 Chefredakteurin von *konkret*.

Jürgen und Monika Seifert, beide in führenden Positionen im SDS, blieben im SDS und trugen den Beschluss mit, dass künftig die Mitarbeit bei *konkret* mit der Mitgliedschaft im SDS unvereinbar sei. Wie die SPD-Führung es verlangt hatte, hoben sie die Beschlüsse des Mai-Kongresses auf. Doch es kam, wie Ulrike Meinhof es ihren beiden alten Freunden vorausgesagt hatte: Die ganze Anpassung nützte ihnen nichts. Zwei Jahre später war es so weit: Im November 1961 beschloss die SPD die Unvereinbarkeit der Mitgliedschaft in der SPD mit der im SDS. Eine Auffangorganisation für Studenten, die in der SPD bleiben wollten, war vorbereitet: der Sozialistische Hochschulbund (SHB). Der Rauswurf des SDS aus der SPD war abgeschlossen.

Die beiden Kongresse von 1959 waren nicht die einzigen Gründe, aber sie hatten das Zerwürfnis beschleunigt und geholfen, die für die Ereignisse von 1967 so wertvolle Unabhängigkeit des SDS mit vorzubereiten. Denn der SDS löste sich nicht auf. Aus der erzwungenen Emanzipation wurde wider Erwarten eine tatsächliche Selbständigkeit.

4

Rudi Dutschke

(1958–1962)

Als Ulrike Meinhof 1958 in den SDS eintrat, hatte der achtzehnjährige DDR-Bürger Rudi Dutschke in Luckenwalde soeben das Abitur gemacht, aber seinen Kampf um einen Studienplatz verloren. Dabei wäre er so gern Sportreporter geworden. Aber er hatte es schriftlich abgelehnt, nach dem Abitur den »freiwilligen« Dienst bei der Nationalen Volksarmee (NVA) anzutreten, schließlich sei er christlicher Sozialist und Pazifist. »Schon sehr früh« habe er »die Schrecken des Krieges gesehen«, und »meine Mutter hat uns vier Söhne nicht für den Krieg geboren. Wir hassen den Krieg und wollen den Frieden. [...] Wenn ich auch an Gott glaube und nicht zur Volksarmee gehe, so glaube ich dennoch, ein guter Sozialist zu sein.«[38]

Diesen Brief verstand der Schuldirektor als Provokation und konfrontierte den Schüler Dutschke vor versammelter Schule mit seinem »falsch verstandenen Pazifismus«. Aber Rudi hatte sich vorbereitet. Er zitierte aus pazifistischen Gedichten und Schultexten, die bis vor kurzem noch hoch im Kurs gestanden hatten. Ich habe mich nicht geändert, aber ihr, sagte er. Er begründete, sachlich und ruhig, wie Beobachter berichten, seine Position. Viele Mitschüler klatschten. Aber Rudis Gesamtnote wurde von »zwei« auf »drei« herabgesetzt. Damit war ihm, vorerst, der Weg zum Studium verbaut. Er entschied sich dafür, im Westen zu studieren, und musste dort das Abitur nachmachen, denn das Abitur der DDR wurde in der Bundesrepublik so wenig anerkannt wie der ganze Staat.

Als am 13. August 1961 die Mauer gebaut wurde, lebte Rudi Dutschke in Westberlin, aber seine Familie östlich der Mauer. Der Einundzwanzigjährige war wütend auf die DDR-Regierung, doch er misstraute auch dem wohlfeilen Gerede westlicher Politiker vom »freien Berlin«. Er blieb Sozialist und war inzwischen so politisiert, dass er nicht mehr Sportwissenschaften, sondern Soziologie studieren wollte. Er wollte unbedingt studieren, also blieb er in Westberlin, wo es für solche wie ihn Stipendien gab. Im Notaufnahmelager Marienfelde ließ er sich als politischer Flüchtling registrieren. Es folgten die üblichen ausführlichen Verhöre der westlichen Nachrichtendienste, auch des BND.

Sowohl Ulrike Meinhof als auch Rudi Dutschke standen Jahre vor ihren Aktivitäten für die APO in den Akten der Politischen Polizei.

Rudi Dutschke blieb dem SDS zunächst fern. In München-Schwabing war Ende der fünfziger Jahre die avantgardistische Künstlergruppe SPUR als Teil der »Situationistischen Internationalen« gegründet worden. Das erste »Manifest« vom November 1958 kündigte »Kunst als dröhnenden Gongschlag« gegen den »ungeheuren Koloss des technisierten Apparates«, gegen die »Atombombe« und für »Nihilismus« und »Kitsch« an: »Europa steht vor einer großen Revolution, einem einzigartigen kulturellen Putsch«, hieß es.[39] Weitere Manifeste dadaistischen, surrealistischen, avantgardistischen oder einfach absurd-esoterischen Inhalts sowie die Zeitung *Spur* folgten 1960 und 1961. Gelegentlich waren die Aussagen politischer, handelten von Kulturrevolte, Subversivität und Provokation. Hier keimte, mit einigen Verwerfungen, eine der vielen Wurzeln der antiautoritären Revolte, hier entstand die »Subversive Aktion«.

1962 begegneten Rudi Dutschke und Bernd Rabehl der Westberliner Gruppe der Subversiven Aktion. Der zwei Jahre ältere Rabehl, der später Politikprofessor an der FU wurde und heute den SDS nationalrevolutionär umzudeuten versucht und sich abmüht, die NPD vom Faschismusverdacht freizusprechen, stammte gleichfalls aus der DDR und studierte, wie Rudi, Soziologie: »Wir trafen einen westlichen Typus von Leuten, die sagten: Wir machen nicht mehr mit. Wir verweigern uns. Wir haben kein Interesse an irgendwelchen Karrieren. Bei bestimmten Leuten in der Subversiven Aktion war diese Verweigerung mit einem ungeheuren wissenschaftlichen Ehrgeiz verbunden, die Kulturkritik aufzuarbeiten. Wir waren in erster Linie ein Diskussionsclub, weniger ein Aktionsclub.«[40]

1962 war Ulrike Meinhof seit vier Jahren Mitglied der Kommunistischen Partei und fuhr regelmäßig nach Ostberlin.

5

Ulrike Meinhof

(1961–1967)

Ulrike Meinhof hatte 1961 den dreiunddreißig Jahre alten Klaus Rainer Röhl geheiratet, Herausgeber von *konkret*, Mitglied der KPD, Sohn des Danziger Nazidichters und Hilfsschullehrers Hansulrich Röhl. 1962 hatte sie Zwillingstöchter geboren. 1964 begründete Ulrike Meinhof den Genossen in Ostberlin ihren Ausstieg aus der KPD mit dem Dogmatismus der Partei und den inzwischen engstirnigen politischen Vorgaben für den Inhalt von *konkret*. Die Zeitschrift überstand die Trennung von der KPD nicht nur, die Auflage wuchs sogar. Viele der späteren, meist jüngeren Aktivisten der APO lasen seit Jahren die Kolumnen von Ulrike Meinhof – über den Vietnamkrieg, die Notstandsgesetze, die Befreiungskämpfe ehemaliger Kolonien in Lateinamerika, Afrika und Asien, über deutsche Außenpolitik und die Lage proletarischer Frauen.

Schon 1962 hatte Ulrike Meinhof eine »neue Linke« geortet.[41] Damit meinte sie beispielsweise die sozialistische Opposition, die sich bei der Maikundgebung in Westberlin 1962 endlich von der Leine der SPD und der Gewerkschaftsspitze gelöst und eine eigene Maidemonstration veranstaltet hatte.

Meinhof war auf der Suche nach einem politischen Milieu. Den SDS, den sie 1959 verlassen hatte, hatte sie jetzt, fünf Jahre später, noch nicht wieder im Blickfeld. Der SDS führte ein Schattendasein, schulte sich theoretisch, qualifizierte sich, fiel manchmal mit ungewöhnlichen Recherchen und Ausstellungen etwa zur Nazizeit auf und befasste sich intensiv mit lateinamerikanischen und afrikanischen Befreiungsbewegungen.

Die neue Linke, deren erste Spuren sie da in Westberlin wahrzunehmen meinte, stellte sich, zu Meinhofs Freude, gegen die Ideologie von »Sozialpartnerschaft« und »Volksgemeinschaft«. Ulrike Meinhof machte sich Gedanken, ob diese »neue Linke« ein theoretisches Fundament besaß und ausreichend viel von Öffentlichkeitsarbeit verstand. »Wie viel gute Gedanken und realistische Gesinnung sind in Deutschland schon verkommen, weil man sie nicht verbreiten konnte. Und das hat wirklich nicht immer nur an den Gedanken und Gesinnungen selber gelegen«, schrieb sie ironisch.[42]

Mit einer kleinen Zeitreise durch die deutsche Geschichte definierte Ulrike Meinhof, was für sie den Charakter einer neuen Linken ausmachte: die Ablehnung des Bismarckschen Sozialistengesetzes und der Kriegskredite von 1914, die Gegnerschaft zum Kapp-Putsch, die Zustimmung zu den Arbeiter- und Soldatenräten von 1918 sowie die Verteidigung des Rechtsstaats in der Weimarer Republik gegen SA und Reichswehr. Aus ihrer Sicht des Jahres 1962 fügte sie noch hinzu: die Verteidigung des Streikrechts und den Widerstand gegen Wehrpflicht und Atomrüstung. Viel-

leicht hätte Rudi Dutschke ihrer Aufzählung zuge-
stimmt und seine Sympathie für die Russische Revolution von 1917 hinzugefügt: »Die Bourgeoisie hat 1917
eins auf die Fresse bekommen, wer von uns könnte sich
darüber nicht freuen?«[43]

Mit der SPD hatte Meinhof längst gebrochen, während jüngere Linke wie die fünfundzwanzigjährige
Gudrun Ensslin sich noch 1965 in Günter Grass' Wahl-
kontor im Bundestagswahlkampf für die SPD einspan-
nen ließen. 1970 war Ensslin dann auch an der Gründung der RAF beteiligt.

Als Ulrike Meinhof 1964 aus der KPD austrat und
ihr Mann ausgeschlossen wurde, beendete das auch die
Finanzierung von *konkret*. Es gelang jedoch, *konkret*
auf eigene Füße zu stellen; Klaus Rainer Röhl blieb
Herausgeber, während Ulrike Meinhof sich als freie
Publizistin selbständig machte, für Rundfunkanstalten
arbeitete und weiter Kolumnen für *konkret* schrieb. In
der Linken und in linksliberalen Kreisen hatte sie schon
einen gewissen Bekanntheitsgrad. Seit etwa 1961 galt
sie als Expertin für die Verteidigung des Grundgesetzes
gegen die Notstandsgesetze. Ihr Themenspektrum war
vielfältig. Sie machte bald Furore mit Berichten von
Prozessen gegen Naziverbrecher,[44] über die Lage von
Industriearbeiterinnen, die Lebensverhältnisse soge-
nannter Gastarbeiter und das Leid von Hunderttausenden von Kindern und Jugendlichen in Heimen und
staatlicher »Fürsorge«. Sie schrieb Kolumnen, Repor-
tagen, Hörfunk- und Fernsehfeatures, hielt Vorträge
und betreute ihre kleinen Töchter.

Die Unterhaltung und die Partys, die die Hamburger Medienschickeria ihr bot, genoss Ulrike Meinhof anfangs schüchtern, dann mit wachsendem Selbstbewusstsein. Sie war sich bewusst, dass sie gleichzeitig in mehreren Welten lebte: in der Welt der Ausgebeuteten und Gedemütigten, über deren Lage sie aufzuklären versuchte, aber gleichzeitig tanzte sie mit denen, die von den Zuständen profitierten. Noch brachen diese Widersprüche nicht so auf, dass Ulrike Meinhof sie nicht mehr ertrug.

6

Rudi Dutschke

(1963–1965)

Ziemlich desinteressiert hatte Rudi Dutschke am 26. Juni 1963 vom Balkon geblickt, als der Lärm auf der Straße ausbrach, weil unten ein gewisser John F. Kennedy in einer offenen Limousine vorbeirollte. In Vietnam kämpfte die Kommunistische Partei unter Ho Chi Minh seit 1920 für die Unabhängigkeit des Landes, erst gegen die Fremdherrschaft Frankreichs und dann gegen die der USA. 1954 waren die ersten siebenhundert US-Militärs ins Land gekommen. 1956 verhinderten die USA die versprochenen freien Wahlen, denn vermutlich hätten 80 Prozent der Bevölkerung für den Kommunisten Ho Chi Minh gestimmt und nicht für den Kandidaten der USA – so vermutete selbst US-Präsident Eisenhower. Unter dem charmanten US-Präsidenten Kennedy, seit 1961 im Amt, besetzten 1963 mehrere tausend US-Militärs Vietnam.

Rudi Dutschke schaute hinunter auf Tausende Menschen, die die Straßen säumten und mit Stars-and-Stripes-Fähnchen winkten, die der Senat und die Parteien großzügig verteilt hatten. Persönlich war ihm der US-Präsident gleichgültig, politisch war er ein Gegner. Rudi wandte sich wieder seiner Studiengruppe zu.[45]

Rudi Dutschkes Dissertation über Lenin – *Versuch, Lenin auf die Füße zu stellen. Über den halbasiatischen und den westeuropäischen Weg zum Sozialismus. Lenin, Lukács und die Dritte Internationale (1974)*[46] – wird später die Linken, die sich an die Sowjetunion als großen Bruder lehnen, verärgern. Aber schon der Vierundzwanzigjährige stellte fest: »Es gibt noch keinen Sozialismus auf der Erde«, und kritisierte auch die Sowjetunion scharf. Aber er gestand zu, dass bei aller noch so harten Kritik ihre schiere »Existenz [als] eines gegen die kapitalistischen Staaten gerichteten Machtblockes« die direkte militärische Intervention der kapitalistischen Staaten in Ländern der »Dritten Welt« erschwere. Trotz expliziter Kritik an der Weltmacht Sowjetunion wusste Dutschke, wie Meinhof, zu würdigen, dass ihr Vorhandensein die Raubzüge des Kapitalismus bremse und die kapitalistischen Staaten hie und da zwinge, Sozialstaaten zuzulassen beziehungsweise auszubauen.[47]

Die Sowjetunion war für Rudi Dutschke kein sozialistischer, aber immerhin ein antikapitalistischer Staat. 1964 schrieb er: »Für die marxistischen Sozialisten in den kapitalistischen Ländern ist das Bestehen einer dem Anspruch nach sozialistischen, in Wirklichkeit nur antikapitalistischen Sowjetunion eine ungeheure Belastung, die sich allerdings im Augenblick revolutionärer Umschläge in zur Zeit kapitalistischen Ländern – wir denken aktuell an die lateinamerikanischen Länder – als wesentliche Stützkraft der Revolution erweisen kann.«[48]

In manchen Ländern jedoch unterstützte die Sowjetunion keineswegs immer revolutionäre Prozesse. In Kuba beispielsweise hatte 1959 die Revolution – gegen die Kolonialmacht USA – von den Revolutionären um Fidel Castro, Che Guevara und Camillo Cienfuegos anfangs auch gegen die Kommunistische Partei durchgesetzt werden müssen, die mit einem Diktator von US-Gnaden paktierte. Aber die Revolution schuf neue Machtverhältnisse, und die KP wechselte auf die Seite der Revolutionäre. Schließlich bewirkten das aggressive Embargo der USA und ihr militärischer Angriff auf Kuba (die Invasion in der Schweinebucht von 1961) auch die Neudefinition der ursprünglich nationalen kubanischen Revolution als eine sozialistische.

Viele Jahre später, 1977, sah Dutschke die Rolle der Sowjetunion noch immer ambivalent. Die Kommunistischen Parteien in Lateinamerika hätten mit ihrer »Linie der ›friedlichen Koexistenz‹«, mit ihrer »Volksfrontpolitik« und mit der Ablehnung der Unterstützung des bewaffneten Kampfs immer wieder die Führung verloren und seien zum »Spielball anderer Interessen« geworden.[49]

Dutschke war schon früh überzeugt, dass revolutionäre Gewalt in bestimmten historischen Phasen notwendig war – die »Diktatur des Proletariats« als Übergangsphase in einen humanistischen Sozialismus –, und hoffte doch, es möge gelingen, sie im Gebrauch auf das notwendige Maß zu beschränken, so dass die Revolutionäre nicht verrohten und auch im Moment der höchsten Zuspitzung noch reflektierten, was sie taten.[50]

Lenin zitierend, sagte Dutschke 1964: »Die Diktatur des Proletariats ist ein zäher Kampf [...] gegen die Mächte und Traditionen der alten Gesellschaft [...]; ihrem Wesen nach ist sie zeitlich begrenzt. Sehr wesentliche Aufgabe eines Staates, der die Diktatur ausübt, besteht darin, seine eigene Aufhebung [...] vorzubereiten«.[51] Was geschehe, wenn das scheiterte oder gar nicht gewollt war, sehe man bei Stalin, sagte Dutschke.[52]

Rudi Dutschke wusste bald so viel über die politischen und sozialen Verhältnisse in Lateinamerika, dass seine Seminare im Studentendorf auch von Bolivianern, Kolumbianern und Venezolanern besucht wurden. »Dann erzählten sie, der Dutschke weiß viel mehr über Lateinamerika als sie selbst«, erinnert sich Gaston Salvatore, der anfangs »wütend und gekränkt« fernblieb, weil sich ein Deutscher anmaßte, »alles besser zu wissen«. Aber es traf zu, sagte er. »Wir Lateinamerikaner haben immer gelebt im Hinblick auf Europa oder die Vereinigten Staaten.«

Dutschke lehrte Marx, und indem er den Marxismus vermittelte, lernte er selbst. Und während seine Zuhörer mit ihm diskutierten und stritten, von ihren Ländern und Verhältnissen erzählten, lernten alle. »Auf Südamerika bezogen, färbten sich die Marxschen Begriffe aus schalen, veraltet klingenden Beschreibungen in Anklagen um. Die Verbindungen entstanden in den Köpfen der südamerikanischen Zuhörer.« Und Dutschke wiederum schien beeindruckt von der Bereitschaft seiner neuen Freunde, auf Erkenntnis mit praktischer Konsequenz zu reagieren und notfalls für die Befreiung ihres Landes zur Waffe zu greifen. Dutschke-Biograph Ulrich Chaussy schreibt: »Nicht wenige aus der lateinamerikanischen Schulungsgruppe gingen später zurück in ihr Heimatland und schlossen sich der Guerilla an.«[53] Und die wiederum wirkte auf die deutsche und europäische Opposition zurück.

Willy Brandt, der Regierende Bürgermeister von Westberlin, empfing jeden Diktator – sofern der Gast nur ein paar salbungsvolle Worte an der Mauer verlor. Die Morde und Massaker, für die so ein Gast vielleicht in seinem Heimatland verantwortlich war, zählten nicht. So auch, als der kongolesische Ministerpräsident Moise Tschombé im Dezember 1964 Westberlin besuchte. Der Diktator trug Mitschuld an der Ermordung seines Vorgängers, des gewählten Präsidenten Patrice Lumumba.

Lumumba, 1960 der erste gewählte Ministerpräsident des formal unabhängigen rohstoffreichen Kongo, kritisierte Belgien, die frühere Kolonialmacht, und meinte die Unabhängigkeit des Kongo ernst. Damit kam er als »»kommunistisches Sicherheitsrisiko‹ [...] auf die Liquidierungslisten von CIA und belgischem Geheimdienst«.[54] Der CIA-Direktor John Foster Dulles sagte später: »Im Interesse der freien Welt haben wir beschlossen, dass die Beseitigung Lumumbas das vorrangige Ziel unserer verdeckten Aktion ist.« Patrice Lumumba wurde 1961 auf einer Waldlichtung erschossen. »Wir haben den Körper in Stücke geschnitten. Der größte Teil wurde in Salzsäure aufgelöst, den Rest haben wir verbrannt«, sagte vierzig Jahre später ein belgischer Geheimdienstoffizier, der im Auftrag auch des belgischen Königshauses gehandelt hatte.

Patrice Lumumba war hoch angesehen im aufgeklärten Teil der Welt. Jean-Paul Sartre sagte: »Nachdem er tot ist, hört Lumumba auf, eine Person zu sein. Er wird zu ganz Afrika.«[55]

Der Papst, Bundespräsident Heinrich Lübke, Kirchenfürsten und Wirtschaftsbosse hatten Tschombé empfangen, da wollten Willy Brandt und die SPD nicht zurückstehen. Zwar waren es noch keine Massen von Linken, die im Dezember 1964 in Westberlin protestierten, aber die Anti-Tschombé-Aktion wurde zu einem Markstein der kommenden Ereignisse.

Zuerst forderten verschiedene linke Gruppen Willy Brandt vergeblich auf, den Besuch abzusagen. Dann unterzeichneten sie – SDS, Argument-Club, Lateinamerikanischer und Afrikanischer Studentenbund und die Subversive Aktion, die inzwischen nach ihrer Zeitung »Anschlag-Gruppe« genannt wurde – ein Flugblatt, in dem sie zur Demonstration gegen Tschombé aufriefen. Im *Anschlag* wurden Kritik am Kapitalismus, Probleme der »Dritten Welt« und neue politische Organisationsformen thematisiert. Dutschke hoffte, mit dem Blatt »Leute unserer Kragenweite zu finden«.

Bei der Ankunft Tschombés am Flughafen trickste die Polizei die Demonstranten aus. Da stürmten sie rennend, schreiend, viele zum ersten Mal die Angst vor Verbotenem überwindend, die Bannmeile um das Schöneberger Rathaus. Die Polizei war verwirrt. Um das Rathaus herum war Markt. Demonstranten verwandelten sich in Spaziergänger. Während eine kleine Delegation ein Gespräch mit Willy Brandt erzwang und ihn angeblich in Verlegenheit brachte, kauften Rudi und andere Tomaten auf dem Markt, um Tschombé wenigstens bei seiner Abreise noch zu erwischen.[56] Es gab ein Gerangel mit der Polizei. Ob wenigstens eine der Tomaten das Fahrzeug des Präsidenten traf, darüber sind sich die Zeitzeugen uneinig.

Das war, sagte Rudi Dutschke drei Jahre später, der »Beginn unserer Kulturrevolution«.[57] Und auf dem Kongress in Hannover im Juni 1967 führte er aus: »Die entscheidende politische Verschiebung im Politisierungsprozess an der Freien Universität erfolgte in den Jahren 1963/1966.« Der »Ausgangspunkt der Politisierung eines Teils der Westberliner Studentenschaft [waren] Aktionen auf der Straße gegen Tschombé […] und andere Regime der Dritten Welt.«[58] Was Rudi Dutschke hier beschrieb, war sicherlich die für seine Politisierung – und die des jüngeren Teils der APO – wichtigste Phase. Doch Menschen neigen dazu, ihre eigene Biographie mit der Zeitgeschichte zu verwechseln. Ulrike Meinhof hätte vermutlich die Jahre 1955 bis 1959 als erste entscheidende Phase genannt, Herbert Marcuse vielleicht die Jahre 1918 folgende.

Der Münchner Gruppe der Subversiven Aktion war der »frischfröhliche Marxist« Rudi Dutschke inzwischen ein bisschen unheimlich.[59] Woher nahm der seinen Optimismus, inmitten der stickigen gesellschaftlichen Verhältnisse »sein Leben in den Dienst des Proletariats zu stellen«?

Aber Rudi Dutschke hatte gar keine großen Hoffnungen auf das deutsche Proletariat als revolutionäre Klasse. Wir werden, schrieb er im April 1965, »noch für eine ziemliche Zeit« eine »winzige«, »völlig irrelevante, weil weitgehendst außerhalb der Gesellschaft stehend[e] [...] Minorität« sein.[60] Unsere Antwort, sagte er, muss der »volle Einsatz der Persönlichkeit für die Emanzipation (Mündigmachung) der Menschheit« sein.[61]

Es kam vor, dass Rudi mit kaputten Schuhen herumlief, verschiedenfarbigen Strümpfen und dass ihm das Hemd halb aus der Hose hing, aber nie sah man ihn ohne ein Buch.[62] Seine Vorbilder waren die Kommunisten Georg Lukács (1885–1971), Rosa Luxemburg (1871 bis 1919) und Karl Korsch (1886–1961). Auch Herbert Marcuse und sein Buch *Der eindimensionale Mensch* gehörte dazu. Er las, notierte, diskutierte, stritt, verwarf, griff an, holte sich Anregungen, wo immer er konnte.

Rudi beeindruckte andere auch durch seine übermütige Sportlichkeit. In Auseinandersetzungen mit der Polizei kam es vor, dass er berittene Polizisten austrickste oder, in eine Sackgasse gejagt, vor den Augen der verblüfften Beamten mit Anlauf eine hohe Mauer überwand.

Außerhalb der »eindimensionalen« Gesellschaft, so lernte Rudi von Marcuse, »leben ganze Schichten, die nicht eingeordnet sind und vielleicht auch nicht eingeordnet werden können, nämlich rassische und nationale Minderheiten, dauernd Arbeitslose und Arme. Sie stellen die lebendige Negation des Systems dar, aber sie bilden eine Minderheit, die das Funktionieren des Ganzen bis jetzt nicht ernsthaft [in Frage stellt] […] Es gibt zentrifugale Kräfte […] Sie erscheinen in der Aktivierung bisher ungeschichtlicher und unpolitischer Minoritäten innerhalb und Majoritäten außerhalb der Gesellschaft im Überfluss.« Noch gebe es »keine Bewegung, keine Partei, die diese Tendenzen aktiviert. Aber es ist etwas da und bedarf der Hilfe, und die Erkenntnis ist ein Element der Hilfe.«[63]

Rudi Dutschke schmiedete Bündnisse für die kommenden Zeiten. Im Januar 1965 traten er und einige andere von der »Anschlag-Gruppe«/Subversive Aktion Westberlin dem SDS bei.[64] Noch im gleichen Jahr wurde Dutschke in den Politischen Beirat des SDS gewählt.

Wer nach dem Rauswurf aus der SPD 1961 im SDS geblieben war, hatte »auf politische Wirksamkeit« verzichtet, »die damals jedenfalls auf der Linken außerhalb der Sozialdemokratie kaum vorstellbar erschien. Dieser SDS war eine kleine Gruppe unabhängiger Sozialisten, die dem übermächtigen Druck von Staat und sozialdemokratischer Führung standgehalten hatte«, sagte SDS-Mitglied Klaus Meschkat 2000.[65]

In der Minderheit zu sein war für Rudi Dutschke nichts Neues. Er hatte längst die Erfahrung gemacht, dass »jeder, der gesellschaftliche Kräfteverhältnisse zugunsten der Unterprivilegierten verändern und nicht bloß politische Posten besetzen will, lange Zeit isoliert blieb. Wer seine Überzeugungen nicht verraten oder preisgeben will, muss das aushalten können.«[66]

Das Grauen des Vietnamkriegs drang über Bilder und Filme in den Alltag. Wer wieder einmal auf die SPD hoffte, wurde genauso sicher wieder einmal enttäuscht. Willy Brandt, der Außenminister einer großen Koalition im Nato-Mitgliedsstaat BRD werden sollte, sagte, er hoffe, dass »die USA [...] in der Welt für ihre Verpflichtungen einstehen«. Es sei notwendig, den Amerikanern in ihrem »Abwehrkampf« in Vietnam »moralische Unterstützung« zu gewähren.[67] Kurz bevor sich 1966 die große Koalition bildete, fand er es »unvernünftig, von den Amerikanern zu verlangen, dass sie abziehen«.[68] Brandt warb um »Verständnis« für die US-Luftangriffe und verteidigte die »amerikanische Anwesenheit in Vietnam«: ein »Rückzug würde nur den Kommunisten Vorschub leisten«.[69] Wenig später, im Dezember 1966, bildete sich unter dem ehemaligen Nazi Kurt Georg Kiesinger (CDU) als Bundeskanzler und dem ehemaligen Antifaschisten und Emigranten Willy Brandt (SPD) als Außenminister die große Koalition.

Die anwachsende Opposition außerhalb der Parteien hatte keine parlamentarische Vertretung. Auf einer Versammlung des Sozialistischen Deutschen Studentenbunds rief das neue SDS-Mitglied Rudi Dutschke gegen die Konstituierung der großen Koalition zur Gründung einer »Außerparlamentarischen Opposition« (APO) auf.

Die neuen Aktionsformen und die antiautoritäre Frechheit der Subversiven einerseits sowie die jahrelange Erfahrung in theoretischer und historischer Arbeit des kleinen SDS andererseits befruchteten sich gegenseitig. Anfangs beäugte man sich misstrauisch, und manche hörten damit nie auf. Nicht ganz ohne Grund, denn Rudi hatte schon gewisse subversive Phantasien, den SDS zu entern, falls es anders nicht ging.

Er wurde zum wertvollen Scharnier zwischen den Strömungen. Klaus Meschkat sagt: Rudi wies »sich als echter Schriftgelehrter aus« und hatte »deshalb keine Schwierigkeiten«, von den älteren, in Theoriearbeit bewanderten Genossen akzeptiert zu werden.[70] Gleichzeitig zwang er die Genossen, sich neuen, radikaleren, antiautoritären Aktionsformen zu öffnen. Er brachte auch andere junge Leute beispielsweise aus dem Jugendclub »Ça ira« mit, Jungarbeiter unter ihnen, weniger akademisch gebildet, aber politisch hochinteressiert und aktionsbereit. Manch einen älteren SDSler, nach jahrelanger konzentrierter relativer Ruhe plötzlich aufgemischt, irritierte das. Aber die Milieus verbanden sich, einander umschleichend, streitend und doch voneinander lernend.

7

Freundschaft im Kartenhaus

(1967)

Ulrike Meinhof und Rudi Dutschke lernten sich im Frühling 1967 bei einer Veranstaltung in Westdeutschland kennen, so erzählte es Ulrike Meinhof einmal, ohne einen genauen Ort oder ein Datum zu nennen. Damals war sie zweiunddreißig, und er war siebenundzwanzig. Vielleicht saßen sie gemeinsam auf einem Podium, vielleicht waren sie einfach nur zufällig in ein und derselben Stadt. Die beiden hatten einige biographische Berührungspunkte, kindliche und jugendliche Erinnerungen an den Krieg und die Nachkriegszeit. Beide waren, ganz oder zeitweise, im Osten Deutschlands aufgewachsen, beide hatten sich zuerst als Pazifisten verstanden, beide hatten sich von der SED beziehungsweise der KPD gelöst und waren auf unterschiedlichen Wegen Teil der neuen antiautoritären Linken geworden, die von Anfang an weit weniger homogen war, als oft behauptet wird.

Ihre soziale Situation unterschied sich deutlich. Ulrike Meinhof war die erfolgreiche und erfahrene Publizistin, der kaum ein Sender einen Rundfunk- oder

Fernsehbeitrag abschlagen mochte und deren Sendungen, für die sie sich oft über Monate in die soziale Lage anderer vergrub, von allen fortschrittlichen Seiten gelobt wurden. Sie würde bald mit Mann und Zwillingstöchtern in eine eigene Jugendstilvilla mit großem Garten in Hamburg-Blankenese ziehen.

Rudi Dutschke war arm wie eine Kirchenmaus und lebte mit seiner Frau Gretchen in winzigen Zimmern oder Wohnungen. Gretchen Dutschke, geborene Klotz, war eine Bürgerrechtlerin aus Chicago, die sich seit 1964 mit kleinen Jobs in Deutschland durchschlug und nun in Westberlin Theologie studierte. Sie und Rudi hatten im März 1966 in einer Bierkneipe in Charlottenburg geheiratet. Heiraten war nicht gerade Mode unter SDS-Leuten, aber sie taten es, zum einen weil junge Eheleute in Westberlin finanziell unterstützt wurden, zum anderen aus Rücksicht auf die christlichen Elternpaare und weil Gretchen Ausländerin war und es für Rudi so leichter sein könnte, auch einmal länger in die USA zu reisen. Bei der Hochzeit wurden sozialistische und biblische Texte vorgetragen, Gedichte rezitiert und Musik gemacht; es wurde ein heiteres Fest, bei dem auch Freunde aus einigen lateinamerikanischen Ländern dabei waren. Rudi schrieb in sein Tagebuch: »Nun sind wir verheiratet. Mal sehen, wohin das führt. Die Genossinnen und Genossen haben ihre Bedenken lustig angemeldet.«[71]

Es war völlig klar, dass Ulrike Meinhof Rudi Dutschke bat, für *konkret* zu schreiben und sich interviewen zu lassen. Als Redakteurin von *konkret* (ab Oktober 1959) und noch mehr als Chefredakteurin (ab März 1961) hatte sie viele Menschen, deren Werk und Denken sie interessierten, sehr direkt und unbefangen für *konkret* gewonnen: Philosophen, Künstler, Schriftsteller, Wissenschaftler und Politiker. So war das Blatt auch durch sie über viele Jahre zur einflussreichsten linken Zeitschrift geworden. Herausgeber Röhl drang darauf, dass sie für jedes Heft mindestens eine Kolumne schrieb, denn ohne ihren Namen sank sofort die Auflage.

Rudi Dutschke war für Ulrike Meinhof ein ganz besonderer Gesprächspartner. Sie mochte ihn. Sie dachten in vielem ähnlich und wo nicht, konnte sie sich mit ihm glänzend streiten. Er war ein Aktivist der »neuen Linken«, auf die sie schon eine Weile wartete. Außerdem wollte sie, dass sich *konkret* der APO, ihren politischen Vorstellungen und ihren neuen Aktionsformen stärker annäherte. Mit dem *konkret*-Herausgeber Klaus Rainer Röhl, ihrem Noch-Ehemann, hatte sie seit Jahren Konflikte über seine Nähe zur traditionellen und orthodoxen Linken, zur SPD und zu den Kommunisten, die dabei waren, die DKP-Gründung vorzubereiten. Diese reformistische Ausrichtung wollte Meinhof in *konkret* mit Beiträgen aus der APO konfrontieren und eindämmen.

Rudi Dutschke als Interviewpartner für *konkret* durchzusetzen war dennoch leicht, weil Röhl sich immer auch nach dem Zeitgeist streckte, und der wehte ein bisschen links: Rudi Dutschke, der »Rädelsführer« und »Sprecher« der APO, war allmählich prominent geworden.

1967 schrieb Ulrike Meinhof für das Juni-Heft von *konkret* drei Beiträge, von denen einer berühmt wurde: der »Offene Brief an Farah Diba«.[72] Ihre Kritik war scharf. Sie überführte den Liebling der Boulevardblätter der Lüge. Keine der wohlfeilen Aussagen der Kaiserin entsprach der Wahrheit. Ulrike Meinhof erzählte von der Armut in Persien, vom Hungertod vieler Kinder, von einer Lebenserwartung von dreißig Jahren für die Ärmsten, vom Analphabetentum der Landbevölkerung. Sie legte offen, dass 2 Milliarden US-Dollar »Entwicklungshilfe« nicht zum Bau von Krankenhäusern und Schulen verwandt, sondern in private Schatullen gesteckt worden waren. Sie schrieb über einen Schah, der seine Macht der CIA verdankte, die seinen Vorgänger Mohammed Mossadegh beseitigt hatte und nun in ihrem Vasallen einen Garant dafür besaß, dass persisches Öl nicht verstaatlicht wurde, sondern zum Wohl von British Petroleum Oil Company (BP), Standard Oil, Caltex, Royal Dutch Shell und anderen Konzernen gefördert wurde. Der Schah sorge dafür, schrieb Meinhof, dass das persische Volk nicht lerne, seine »Geschicke selbst in die Hand zu nehmen«, und »dass rebellische Studenten und Schüler jederzeit zusammengeschossen [...] und Parlamentsabgeordnete, die das Wohl des Landes im Auge haben, verhaftet, gefoltert, ermordet werden«.[73]

Es kamen viele positive Leserbriefe, unter anderem auch dieser: »Liebe Frau Meinhof, darf ich Ihnen nur ganz rasch sagen, wie sehr ich mich über Ihren Aufsatz zum Schah-Besuch gefreut habe – mir scheint, es ist die

erste öffentliche Kenntnisnahme« von Bahman Nirumands Buch *Persien, Modell eines Entwicklungslandes
oder Die Diktatur der Freien Welt,*[74] »über dessen
Nichtzurkenntnisnahme in der übrigen deutschen
Presse ich mich krank ärgere. Die Springer-Leute wissen natürlich inzwischen ganz genau, dass selbst ein
publizistischer Angriff noch Reklame für ein Buch ist,
und handhaben deshalb ihr Gewerbe besonders geschickt: Sie verschweigen Bücher einfach.« Unterzeichner: Fritz J. Raddatz, Rowohlt Verlag.[75]

Mit dem dreißigjährigen Bahman Nirumand war Ulrike Meinhof seit kurzem befreundet. Sein Buch war
die Quelle für ihren »Offenen Brief«. Der promovierte
Literaturwissenschaftler stammte aus dem Iran, er hatte in Deutschland studiert und war dann zunächst in
den Iran zurückgekehrt, hatte aber 1965 vor dem
Schahregime ins Westberliner Exil fliehen müssen.

Weniger bekannt wurde ein anderer Text von Ulrike
Meinhof aus demselben Heft über die rechte Militärjunta in Griechenland: »Der Putsch – ein Lehrstück«.
Die Obristen hatten sich an die Macht geputscht, alle
parlamentarischen Institutionen beseitigt, Hunderte
von Oppositionellen ermordet, Tausende gefoltert,
viele verschwanden in Lagern auf griechischen Inseln.
Das war nun schon die dritte Diktatur in Westeuropa.
Die iberischen Faschisten Francisco Franco in Spanien
und Antonio de Oliveira Salazar in Portugal herrschten
seit Jahrzehnten, und in Italien häuften sich die Anschläge von Faschisten. Die USA hatten den Putsch in
Griechenland möglich gemacht, die Nato-Mitglieds-

staaten unterstützten ihn. Die griechische Königsfamilie half den Obristen, wissen alle Herrschenden doch, wie hübsch sich eine Farah Diba oder eine Königin Anne-Marie machten, wenn der Staat sich einen Notstand nahm. Wer schrieb: »Hinter den Tränen einer Königin verschwindet das Blut von Zehntausenden«? Ist damit nicht schon fast alles über die Boulevardmedien gesagt?

Ulrike Meinhof verglich die griechische Junta mit dem Versuch, in der BRD die Notstandsgesetze durchzusetzen: »Formulative Unterschiede rühren daher, dass die einen den Notstand schon durchführen, indes die anderen ihn erst planen.«[76] In Griechenland, wie in den geplanten Notstandsgesetzen der BRD, waren Nachrichten, die die »öffentliche Ordnung« störten, verboten. In Griechenland war die Haftdauer für politische Gefangene unbeschränkt; in der BRD sollten die Notstandsgesetze es ermöglichen, dass eine Person festgenommen werden konnte, wenn sie aufgrund ihres »früheren Verhaltens dringend verdächtig ist, dass sie Hochverrat, Staatsgefährdung, Landesverrat, Straftaten gegen die Landesverteidigung oder gegen die Sicherheit der drei Mächte begehen, fördern oder veranlassen *wird*«.

Später machte Ulrike Meinhof persönliche Erfahrungen mit anderen »Notstandsgesetzen«, die in manchem über das hinausgingen, was sie hier fürchtete.

In der griechischen Diktatur von 1967 waren Streiks illegal; in den Notstandsgesetzen war ein Arbeitszwang vorgesehen. In Griechenland gab es eine uneingeschränkte Briefzensur; in den bundesdeutschen Notstandsgesetzen nahm sich der Staat das Recht, in die Rundfunkfreiheit einzugreifen. Unter der Junta war jungen Leuten und Studenten jede politische Aktivität verboten. »Die Polemik von Politikern und Presse gegen politische Studentengruppen in der Bundesrepublik und Westberlin unterscheidet sich nur insofern vom griechischen Beispiel, als sie noch nicht mit Waffengewalt vorgetragen wird«, schrieb Ulrike Meinhof zornig. »Hätten wir eine Opposition mit politischer Alternative und Wahlerfolgen – das griechische Beispiel beweist, dass ihre Beseitigung nicht nur möglich ist, sondern auch reibungslos geht, [...] in bestem Einvernehmen mit allen Bündnispartnern. Ein paar Panzer, ein paar tausend Inhaftierte, das Parlament in Bonn kann bleiben. Wenn ich Kanzler wäre, ich schickte Patakos einen Mercedes 600 und eine Kiste Henkell trocken und eine Studienkommission, um das eigene Notstandsprogramm noch zu verbessern, zu vervollständigen. Einige Demokratien in Westeuropa sind Kartenhäuser. Will man sie benutzen, stürzen sie ein.«[77]

Das war ihre Lektion aus der Lage der Opposition und aus ihrer mehr als zehnjährigen Erfahrung mit der Sozialdemokratie: Ulrike Meinhofs Aussage, »hätten wir eine Opposition«, vollzöge sich ihre Beseitigung im Falle von Wahlerfolgen »in bestem Einvernehmen mit allen Bündnispartnern« und »reibungslos«, enthielt ihre Absage an jede *parlamentarische* Option. Darin traf sie sich mit Rudi Dutschkes Einschätzung, der beim Abschluss der großen Koalition dazu aufgerufen hatte, eine außerparlamentarische Opposition zu schaffen.

Gemeinsam mit dem *konkret*-Autor Jürgen Holtkamp und Klaus Rainer Röhl dachte sich Meinhof außerdem noch vier Seiten Satire für das Juni-Heft aus: »*Spiegel* an Springer verkauft«. Der Anlass war, dass der *Spiegel* neuerdings in der Ahrensburger Druckerei des Springer-Konzerns gedruckt wurde. Ulrike Meinhof imitierte Rudolf Augsteins Herausgeber-Editorial und rechtfertigte in seinem Namen die Fusion: »Hat es dem *Spiegel* geschadet, dass er schon seit zwei Jahren für seinen Auslandsteil die Nachrichten des Springer-Auslandsdienstes (SAD) verwendet? Sind die *Spiegel*-Berichte über Vietnam, Griechenland, Südafrika, Lateinamerika etwa deshalb schlechter geworden? Waren sie vorher besser?« Und: »Der *Spiegel* bleibt, was er ist: ein deutsches Nachrichtenmagazin, kritisch seiner journalistischen Aufgabe hingegeben, verweigernd und veröffentlichend, wie es der Opportunismus – nicht Springer – befiehlt.«[78]

Ausgerechnet der *Spiegel*, den Ulrike Meinhof anlässlich der »Spiegel-Affäre« und Rudolf Augsteins Verhaftung 1962 so glühend verteidigt hatte, setzte eine einstweilige Verfügung gegen *konkret* durch. Ausgerechnet die Ausgabe mit Meinhofs »Farah-Diba-Text«, der zur Demonstration gegen den Schahbesuch am 2. Juni mobilisieren sollte, durfte deshalb nicht ausgeliefert werden. Linksliberale und viele Medien kritisierten, dass der *Spiegel* damit nicht nur *konkret* treffe, »sondern alle seine Kollegen, die sich im Herbst 1962 ungeachtet ihrer politischen Einstellung aus grundsätzlichen Erwägungen mit ihm solidarisch erklärt haben. Doch die Lehre des *Spiegel* aus jenen Jahren heißt anscheinend: Anpassung.«[79]

Aber der *konkret*-Vertrieb machte Überstunden und ließ Ulrike Meinhofs Farah-Diba-Text als Sonderdruck an vielen Orten in Westberlin massenhaft verteilen.

Für das Juni-Heft interviewte Klaus Rainer Röhl zum ersten Mal Rudi Dutschke.[80] Er war ihm noch nicht begegnet und erledigte das Interview per Telefon. Im Vorspann schrieb er: »Rudi Dutschke gilt als der Chefideologe des SDS.« Röhl war die Welt der Antiautoritären ersichtlich fremd. Deshalb plazierte er ein zweites Interview direkt darunter und begründete das so: »Zwei Gruppen ringen um die Gunst des vom Bonner Establishment enttäuschten oppositionellen Publikums: Die ›Russen‹ und die ›Chinesen‹.«

Mit den »Chinesen« waren die Maoisten gemeint, für die Röhl die meisten Antiautoritären wohl hielt. Aber Mao tse-Tungs Texte wurden längst auch von bürgerlichen Verlagen veröffentlicht, so beispielsweise 1965 *Mao tse-Tung. 37 Gedichte* (Hoffmann und Campe) oder *Worte* und ausgewählte *Werke* des Vorsitzenden Mao beim S. Fischer Verlag. Der »Russe« war Manfred Kapluck, Mitglied der verbotenen KPD und eines Initiativausschusses, der sich auf die Gründung der legalen DKP vorbereitete. Röhl schreibt: »Ich war damals schon fest überzeugt davon, dass mein Freund Manfred Kapluck der kommende Mann in der neuen Partei sei, so etwas spürt man.«[81] Wenn der Zeitgeist mehrere Richtungen nimmt, kann einem wie Röhl schon mal schwindlig werden.

Geduldig beantwortete der freundliche Rudi Dutschke Röhls Fragen und sagte zum Beispiel: »Der amerikanische Vernichtungskrieg in Vietnam, die Notstandsgesetze in der Bundesrepublik und die Existenz der stalinistischen Bürokraten in der DDR haben bei aller [...] Verschiedenheit einen gemeinsamen Aspekt: Sie sind Glieder der weltweiten Kette der autoritären Herrschaft über die entmündigten Völker.«

Wie sollte ein autoritärer Charakter wie Klaus Rainer Röhl, der sich seinen Nazieltern und einer autoritären kommunistischen Partei so lange gebeugt hatte, das verstehen? Aus der Kulturrevolte pickte sich einer wie Röhl heraus, was ihm nützte, auch Rechtfertigungen für läppische Seitensprünge und für die Verdinglichung weiblicher Sexualität auf den Titelseiten seiner Zeitschrift. Rudi Dutschke erklärte ihm geduldig, warum die Befreiungskämpfe in der sogenannten Dritten Welt »so unendlich viel mit unserem Kampf gegen die autoritären Tendenzen in der Universität und in der Gesellschaft zu tun« hatten.

Ulrike Meinhof verstand genau, was Rudi Dutschke meinte. Er wurde ihr Bruder im Geiste, bald ihr bester Freund.

8

Frontstadt Westberlin

(1967)

Westberlin war in umfassendem Sinn vom Kalten Krieg geprägt, es galt als »Frontstadt«. Mit dem Mauerbau von 1961 und der Flucht von Teilen des Bürgertums aus Furcht vor einem Einmarsch der Roten Armee waren viele große Altbauwohnungen frei geworden; die Mieten waren billig in der Stadt. Auch das zog seit einigen Jahren junge Leute aus Westdeutschland an und bot ihnen Platz für Experimente, für Wohngemeinschaften, für Politik- und Kunstprojekte und bald für antiautoritäre Kinderläden. Junge Männer aus der Bundesrepublik zogen zusätzlich gern nach Westberlin, weil sie nur dort – ganz ohne Gewissensschnüffelei – von der Bundeswehr verschont blieben.

Dieses junge Publikum stieß auf ein Kleinbürgertum, dessen wahre Religion oftmals der Antikommunismus war. Die jungen, langhaarigen »Gammler« und »Roten« erschienen den Kleinbürgern fast so schlimm, wenn nicht furchterregender als die »kommunistischen Horden« aus dem Osten. »Geht doch nach drüben!«, riefen sie ihnen gern zu, und: »Adolf hat vergessen, euch zu vergasen.« Sätze, die alle West-Linken aus den fünfziger bis siebziger Jahren kennen.

Die regierende SPD in Westberlin stand weit rechts, natotreu bis ins Mark, staatstragend und staatshörig, in immensen Flügelkämpfen zerstritten, verfilzt und in Teilen korrupt. Und dann die Polizei. In seinen Erinnerungen beschreibt Klaus Hübner, von 1969 bis 1987 Polizeipräsident von Berlin, einen Polizeiapparat, der in einer Art Festungsmentalität erstarrt war, fixiert darauf, dass der Feind nur »aus dem Ostsektor« kommen könne: »Mental war die Polizeiführung militarisiert.« Mit dem Aufbau einer Bereitschaftspolizei, gedacht eher als eine »Reserve ihrer Streitkräfte« denn als eine »zivile Polizeiorganisation«, wollten die Alliierten »der kommunistischen Gefahr« begegnen. Die Führung der Polizei bestand »zur Hälfte aus ehemaligen Offizieren, Portepeeträgern und Unteroffizieren der ehemaligen Wehrmacht [...] Ganze Seilschaften aus der Division Herman Göring übten sich wieder im Befehlen. [...] Jeder westliche Sektor Berlins erhielt eine Bereitschaftspolizeiabteilung. Zumindest bei den Amerikanern wurde diese mit einer Bataillonsnummer geführt. Darum, dass die Polizei völkerrechtlich nicht den Kombattantenstatus haben konnte, also den Status regelrechter militärischer Kämpfer, kümmerte sich im Kalten Krieg kein Militär und kein Politiker. Stramme Haltung war gefragt.«[82] Sein Vorgänger Erich Duensing habe, so Innensenator Kurt Neubauer, »die Polizei wie ein Regiment geführt«.[83]

Aber Hübner, der nachträglich behauptete, er habe die Polizei demokratisieren wollen, fand für die Demonstranten auch nur die üblichen Namen der Obrig-

keit: »Rabauken« und »Pöbel«, die in »illegalen Flugblättern« »geifernd zur Gewalt« aufriefen.[84]

Der Polizeiapparat führte in vielen Fragen ein Ei-
genleben und war es dennoch gewohnt, von den politischen Parteien gedeckt zu werden. Im November
1951 schlug der Polizeiinspektor Hermann Zunker den
Dienststellenleiter der Eisenbahn, Ernst Kamieth, auf
dem Potsdamer Güterbahnhof so schwer, dass dieser
an den Fausthieben starb. Zunker war als Schläger bekannt. Nicht nur Gustav Klingelhöfer, Stadtrat für
Wirtschaft im Magistrat unter Ernst Reuter, verlangte,
dass der Polizist »als Teilnehmer am Kalten Krieg«
nicht bestraft, sondern allerhöchstens einem »Ehren-
strafprozess« unterworfen werden dürfte. Als das Ur-
teil wegen »einfacher Körperverletzung im Amt« nachträglich aufgehoben wurde, war auch der Westberliner
SPD-Vorsitzende Franz Neumann zufrieden: »Berlin
hat kein Interesse, dass durch die Urteile wie im Falle
Zunker die Einsatzfreudigkeit der Westberliner Polizei
gehemmt wird.«[85] So wurden Weichen gestellt.

Zur üblichen ideologischen Orientierung der Polizei, dass der Feind links stehe und die herrschende
Ordnung samt ihren Eigentumsverhältnissen zu verteidigen sei, fügte sich ihre Zwitterstellung zwischen ziviler und militärischer Institution. Die vielbeschwore-
ne »besondere Situation Westberlins« bedeutete »juris-
tisch einen permanenten Ausnahmezustand unter dem
Vorzeichen militärisch reglementierter Souveränität
durch die drei Schutzmächte«.[86] »Erstmalig und einma-
lig« in der Bundesrepublik besaß die Polizei in West-

berlin außerdem »eine pauschale Ermächtigung zur Anwendung von Schusswaffen für den Notwehrfall«.[87] Die Westberliner Polizei genoss einen höchst weitgehenden Handlungsspielraum; das sollte Benno Ohnesorg das Leben und viele andere Gesundheit und Freiheit kosten.

Seit Jahrzehnten war die Westberliner Polizei daran gewöhnt, dass kein Parlament sie kontrollierte und dass die westalliierten Stadtkommandanten sowie die jeweiligen Polizeipräsidenten und Innensenatoren regelmäßig ihre Übergriffe rechtfertigten. Wer sollte sie auch in die »rechtsstaatlichen Schranken« weisen? Mindestens zwei Drittel der 1964 amtierenden Richter in der Bundesrepublik und in Westberlin hatten bereits im NS-Faschismus »Recht gesprochen«.[88]

Ob vor einem Theater ein ehemaliger NS-Schauspieler kritisiert wurde (1950), Transparente mit den Namen höchster bundesdeutscher Würdenträger mit NS-Vergangenheit – »Oberländer, Globke, Schröder« – hochgehalten wurden (1960) oder gegen die Feierlichkeiten zum 25. Jahrestag der Franco-Diktatur protestiert wurde (1961), immer gab es Tränengaseinsätze, Knüppelorgien, oft Festnahmen. Nachträglich rechtfertigten alle Polizeipräsidenten die Gewalttaten ihrer Beamten mit der »kommunistischen Unterwanderung« der Protestierenden, und das schuf in den Augen der Polizei stets die alles legitimierende »Notwehrsituation«.

Mit den ungewöhnlichen, witzigen, subversiven Aktionsformen der APO kam diese Polizei nicht zurecht und wollte es auch nicht. Der stellvertretende Leiter der Polizeiinspektion Wedding, Günter Freund, hatte 1968 in einer internen Untersuchung über die Polizei angemerkt, dass die Kameraderie in der Polizei mancherorts den »Charakter einer Räuberbande« angenommen habe, die »als moralisch das gelten lässt, was den anderen deckt«. Rückblickend sagte er: »Bei den Unruhen der Jahre 1967/68 hatte sich die starr geführte Polizei immer wieder in den Fallstricken des zivilen Ungehorsams der studentischen Rebellen verheddert. Nach paramilitärischem Ehrenkodex hatte man bei jeder Auseinandersetzung der Stärkere zu sein.«[89]

Das sah im konkreten Fall zum Beispiel so aus: Zum Outfit eines »SpaPro«, eines Spaziergangprotestlers, gehörten bürgerliche Kleidung, eine biedere Frisur und möglichst eine Einkaufstasche oder ein Weihnachtspaket. So getarnt, mischten sich APO-Leute zum Beispiel am 17. Dezember 1966 mitten im Weihnachtstrubel auf dem Ku'damm unter die Passanten, um einmal mehr gegen den Vietnamkrieg zu protestieren. Kurzes Signal aus einer Kindertröte, und die »SpaPros« verteilten Flugblätter gegen den Vietnamkrieg. Auf Zetteln stand auch: »Keine Keilerei / mit der Polizei. / Kommt die Polizei vorbei, / gehen wir an ihr vorbei. / An der nächsten Ecke dann / fängt das Spiel von vorne an.« Sobald die Polizei auftauchte, verwandelten sich die Demonstranten in lässig schlendernde »Normalbürger«, das vermeintliche Weihnachtspaket mit den Flugblättern unterm Arm. Vierzehn Einsatzleiter und zweihundertfünf Polizeibeamte schauten sich vergeblich nach Demonstranten um, die längst da waren. Manchmal bildeten sich Trauben von Menschen – da mussten doch wohl Demonstranten sein?! Sofort trabten Polizisten herbei, aber wer war Demonstrant, wer nicht, wenn sich die Trauben rechtzeitig auflösten? Das ging eine Weile hin und her. Rudi Dutschke war schon vor der Aktion von vier zivilen Kriminalbeamten abgeführt worden, denn das war doch klar: Er war ein »Rädelsführer«.

Die Polizei wurde aggressiver. Sie bildete eine Kette vor dem feinen Café Kranzler, räumte den Platz, nahm vierundsiebzig Leute fest, Hausfrauen, Ku'dammbummler, Einkäufer, Touristen, Journalisten und auch ein paar Demonstranten. Die Empörung galt nun kurz und ausnahmsweise auch einmal der Polizei.

Als im April 1967 der US-Vizepräsident Hubert Humphrey nach Westberlin kam, gab es eine neue Idee für eine Aktion: Warum immer nur Tomaten werfen? Die Sache flog auf. *Bild* titelte: »Berlin: Bombenanschlag auf US-Vizepräsidenten«. Dann war da zu lesen: »Mit Bomben und hochexplosiven Chemikalien, mit sprengstoffgefüllten Plastikbeuteln – von den Terroristen ›Mao-Cocktail‹ genannt – und Steinen haben Berliner Extremisten einen Anschlag auf den Gast unserer Stadt vorbereitet.« Die Legende von dem knapp vereitelten »Attentat« lief um die Welt. Die *Berliner Morgenpost* wusste es ganz genau: »Die Polizei überraschte mehrere kommunistisch orientierte Westberliner Studenten beim Abwiegen von Sprengstoff in behelfsmäßige kleine Granathülsen und beim Einfüllen einer ätzenden Säure in Plastikbeutel. Die Demonstranten wollten sich heute in das Schöneberger Rathaus einschmuggeln und mit den Granaten [...] gegen Humphrey vorgehen.«

Was war passiert? Ein paar Kommunarden hatten eine Art Pudding angerührt (aus Buttercremetorte, Weizenmehl und Joghurt), um ihn dem US-Vizepräsidenten an den Kopf zu werfen, und sie hatten harmlose Rauchkerzen gebastelt, die schon beim Proben nicht zündeten. Noch beim Puddingkochen, am Tag vor dem Humphrey-Besuch, kam die Polizei und buchtete alle elf ein.[90]

Ulrike Meinhof kommentierte: »Nicht Napalmbomben auf Frauen, Kinder und Greise abzuwerfen ist demnach kriminell, sondern dagegen zu protestieren [...] Es gilt als unfein, mit Pudding und Quark auf Politiker zu zielen, nicht aber, Politiker zu empfangen, die Dörfer ausradieren lassen und Städte bombardieren.«[91]

Die Lage für Linke in Westberlin wurde so bedrohlich, dass Ulrike Meinhof im Frühjahr 1967 ihre guten Kontakte zur SED zu nutzen versuchte, um einige tausend Bauarbeiterhelme von der DDR zu bekommen, mit denen sich die Westberliner Linke vor den Knüppeln der Polizei schützen sollte. Albert Norden vom Politbüro der SED gab Meinhofs Bitte an den Staatsratsvorsitzenden Walter Ulbricht weiter, und der stimmte sogar zu. Doch aus unbekannten Gründen kam der Deal nicht zustande.

Mitverantwortlich für die Ereignisse am 2. Juni 1967, zehn Monate vor dem Attentat auf Rudi Dutschke, wurde der dreiundfünfzigjährige Hans-Ulrich Werner, Kommandeur der Westberliner Schutzpolizei. Er war Teil der Befehlskette, unter deren Schutz die »Jubelperser«, darunter Angehörige des iranischen Geheimdiensts SAVAK, mittags vor dem Schöneberger Rathaus friedliche Demonstranten mit Holzlatten und Totschlägern zusammenknüppelten.

Kommandeur Werner war schon 1936 Polizist gewesen und war ab 1943 Hauptmann der Gendarmerie und Kompanieführer der berüchtigten Sondereinheit »Bürger«, mitverantwortlich für die Vertreibung und Massenvernichtung von Sowjetbürgern; bis Kriegsende war er dann als erster Stabsoffizier beim SS- und Polizeiführer Oberitalien-Mitte verantwortlich für die Ausarbeitung der Operationen der Gendarmerie- und Polizeikommandos gegen die Zivilbevölkerung. Der Kriegsverbrecher hatte als stellvertretender Leiter des Polizeiinstituts Hiltrup und als Mitherausgeber der Zeitschrift *Die Polizei* neue Generationen von Polizisten gegen den Feind im Innern geschult.[92] Auch unter dem nächsten Polizeipräsidenten Klaus Hübner sollte er Kommandeur der Schutzpolizei bleiben.[93]

Im legendären *Braunbuch. Kriegs- und Naziverbrecher in der Bundesrepublik*[94] veröffentlichte Albert Norden, Mitglied des Politbüros der SED, 1965 tausendachthundert Namen (die Zahl stieg in den nächsten Auflagen noch) von NS-Tätern, die in der Bundesrepublik und in Westberlin in Politik und Wirtschaft, in Armee und Wissenschaft, in Verwaltung und Justiz in hohen Funktionen saßen. Darunter auch, ebenso unvollständig, rund fünfzig Namen von Westberliner Polizeibeamten, die vor 1945 Mitglieder der Gestapo, der SS oder des »Sicherheitsdiensts« (SD) gewesen waren, die an der Ostfront Juden und Partisanen massakriert, KZs bewacht und auch ansonsten in den von Deutschland besetzten Ländern für »Ordnung« gesorgt hatten und nun in der Uniform Westberliner Polizeikommissare der jungen Linken als Gegner gegenüberstanden. Ehemalige Mitglieder der SS-Standarte »Adolf Hitler« taten Dienst im Bezirk Tiergarten oder Charlottenburg, frühere Mörder von Juden und Partisanen waren Ausbilder ganzer Polizeigenerationen geworden und gehörten der Politischen Polizei an. Viele waren 1967/68 noch immer bei der Polizei, befördert und in leitenden Positionen.

Mit zehntausend Schutzpolizisten, dreitausend Bereitschaftspolizisten, tausendvierhundert Kriminalbeamten und fünftausend freiwilligen Polizeireservisten war »ihre Feuerkraft größer als die einer deutschen Infanterie-Division im Zweiten Weltkrieg«, stellte der *Spiegel* Mitte Juni 1967 fest.[95]

9

Der 2. Juni

(1967)

Bevor der Schah nach Westberlin kam, heizte die Springerpresse das Klima in der Stadt auf und behauptete sogar, es bestehe die Gefahr eines Attentats. Das brachte Rudi Dutschke, einige Freunde vom SDS und von der Konföderation iranischer Studenten auf eine satirische Idee: In der Nacht vom 30. auf den 31. Mai klebten sie in der ganzen Stadt Steckbriefe des Schahs, gesucht wegen Folter und Mord von Hunderten Oppositionellen und Journalisten sowie wegen Ausplünderung seines Landes zum eigenen Vorteil.

Unter dem Pseudonym »R.S.« verspotteten Rudi Dutschke und Gaston Salvatore im kleinen *Oberbaumblatt* – zwei Seiten DIN A3 – den Schah, die »Marionette von Gnaden des CIA«, unter der Überschrift: »Der Schah ist tot – Farah geschändet!«[96] Neben einer misslungenen Satire über den Besuch des Schahs in München, bei dem dieser einem Attentat zum Opfer fällt, diskutierten die Autoren im *Oberbaumblatt* die Bedeutung des Attentats und kamen zu dem Schluss, dass ein solches Attentat zwar verständlich wäre, dass aber weder in Persien, geschweige denn in der Bundesrepublik die Bedingungen für einen Aufstand gegeben waren. »Wenn ›Che‹ Guevara in *Der Partisanenkrieg* schreibt, dass es nicht nötig ist ›zu warten, bis alle Bedingungen für eine Revolution herangereift sind‹, sondern ›die Führung des Aufstands [...] solche Bedingungen selbst schaffen (kann)‹, so ist es jedoch klar, dass [...] in der BRD keine Führung des Aufstands existiert« und »die Phase des bewaffneten Aufstands weder traditionell noch romantisch antizipiert werden darf«. Das Bewusstsein der »Massen« in der BRD begründe auch in naher Zukunft keine Hoffnung auf eine Revolution, schrieben Dutschke und Salvatore.[97]

Als der Senat den Schah am 2. Juni mittags im Rathaus Schöneberg empfing, waren rund hundertfünfzig »Jubelperser«, viele unter ihnen Mitglieder des foltererprobten iranischen Geheimdiensts SAVAK, auf den Platz vor dem Rathaus gelangt. Es gibt den gut begründeten Verdacht, dass dies in einer Kooperation zwischen bundesdeutschen Geheimdiensten, der persischen Botschaft, also auch dem SAVAK, und der Westberliner Polizeiführung so ausgehandelt worden ist. Tatsächlich war auch Schutzpolizeikommandeur Werner Teil der entsprechenden Befehlskette.

Kaum war der Schah im Rathaus verschwunden, zogen die »Prügelperser« die Transparente von ihren langen Holzlatten und schlugen aus bester Position – die Polizei sah zu – auf die Demonstranten ein, denen kein Beobachter den Vorwurf irgendeiner Gewalttätigkeit machte. Eine Weile vorher hatte der Senatspressesprecher Hanns-Peter Herz zu den wartenden Journalisten gesagt: »Heute Abend gibt's Dresche!« Die Nachricht von den Prügelszenen sprach sich rasch in der Stadt herum.

Abends begleitete der Regierende Bürgermeister Heinrich Albertz seine Gäste in die Oper. Auf der Bismarckstraße warteten dreitausend Demonstranten, die unter anderem durch Ulrike Meinhofs Offenen Brief an Farah Diba und durch Rudi Dutschkes Schah-Steckbrief mobilisiert waren.

Die Polizeiführung hatte viele von ihnen dicht an dicht zwischen Polizeigatter gepfercht, die einen länglichen, etwa sechs mal zehn Meter großen »Schlauch« bildeten – die berühmte »Leberwurst«, wie Polizeipräsident Duensing es nannte, in die die Polizei später nur noch hineinstechen musste, um Panik auszulösen. »An welcher Kriegsschule mag solche Taktik gelehrt worden sein?«, fragte sich der nachfolgende Polizeipräsident Hübner später.[98]

Minuten nachdem die Staatsgäste die Oper betreten hatten und während die Polizisten sich gegen die Demonstranten formierten, verkündete ein Polizeiführer wahrheitswidrig über Lautsprecher, Demonstranten hätten einen Polizisten erstochen.

Etwas später verbreitete die Polizei dieselbe Falschmeldung auch auf dem Ku'damm: »Achtung, Achtung, hier spricht die Berliner Polizei. Wir wenden uns an die gutwillige Berliner Bevölkerung. Machen Sie sich nicht mit diesen Subjekten gemein. Räumen Sie sofort den Kurfürstendamm. Es hat bereits ein Todesopfer gegeben: Ein Polizist ist von Demonstranten erstochen worden.«[99] In der Frontstadt Westberlin bedeutete das:

freie Bahn für eine vollkommen enthemmte polizeiliche Prügelorgie.

Dem Hass auf die junge Linke und dem Sadismus polizeilicher Übergriffe schienen keine Grenzen mehr gesetzt zu sein. Polizisten, nicht wenige aus Kommandeur Werners Generation, aus seinem Milieu und von seiner Mentalität, griffen sich aus den Demonstranten heraus, wen immer sie wollten, verprügelten die jungen Leute vor aller Augen oder verschleppten sie in Hauseingänge und Höfe, wo sie auf die halbnackt am Boden Liegenden eindroschen und eintraten. Sie setzten auch Eisenstangen ein und ließen Hunde auf die Demonstranten los. Es war, als sollte der verlorene Kampf an der Ostfront hier und jetzt endlich gewonnen werden – und die APO, das waren die Partisanen. In der Oper genossen die hohen Gäste samt dem Regierenden Bürgermeister Heinrich Albertz unterdessen Mozarts *Zauberflöte*.

Benno Ohnesorg hatte sich von seiner schwangeren Frau verabschiedet, um auf einem Hofparkplatz in der Krummen Straße 66 einigen Gejagten Hilfe zu leisten. Mehrere Polizisten schnappten sich Ohnesorg und schlugen ihn zusammen. Um 20 Uhr 30 griff Kriminalobermeister Karl-Heinz Kurras, als »ziviler Greifer« im Einsatz, zur Pistole und tötete den jungen Mann mit einem Schuss in den Hinterkopf.

Wäre Benno Ohnesorg nicht getötet worden, stünde der 2. Juni 1967 heute für Dutzende sehr schwer verletzte und traumatisierte Demonstranten. Sie verschwanden im Schatten des Todes dieses einen.

Fünfzehn Jahre vorher war schon einmal ein junger Mann von einem Polizisten erschossen worden, als am 11. Mai 1952 – sieben Jahre nach Kriegsende – dreißigtausend junge Leute in Essen gegen die Wiederbewaffnung und gegen die drohende Natomitgliedschaft demonstrierten. Bilder und Berichte von den Atombombenabwürfen auf Hiroshima und Nagasaki und der Angriff der USA auf Korea hatten sie aufgewühlt. Die Polizisten, viele von ihnen, wenn nicht die meisten, noch sieben Jahre zuvor Mitglieder von NS-Organisationen, schossen drei Demonstranten in den Rücken. Der dreiundzwanzigjährige Philipp Müller starb. Er war Mitglied der KPD, die vier Jahre später verboten wurde.

Über die Ereignisse vom 2. Juni 1967 fand auch ein Teil des Bürgertums harte Worte. Die *Frankfurter Allgemeine Zeitung* schrieb: Die »eingesetzte Polizei hat nicht nur im Affekt, sondern ohne gravierende Notwendigkeit, mit Planung einer Brutalität den Lauf gelassen, wie es bisher nur aus Zeitungsberichten über faschistische oder halbfaschistische Länder bekannt wurde.«[100] Und Sebastian Haffner kommentierte im *stern:* »Es war ein systematischer, kaltblütiger Pogrom, begangen von der Berliner Polizei an Berliner Studenten.« Es haben sich »Greuel abgespielt«, sagte Haffner, der erst dreizehn Jahre zuvor aus seinem Londoner Asyl zurückgekehrt war, »wie sie außerhalb der Konzentrationslager selbst im Dritten Reich Ausnahmeerscheinungen gewesen sind [...] Die Hauptverantwortung tragen heute wie damals Schreibtischtäter mit manikürten Händen.« Er denke nicht daran, sich von den Studenten zu distanzieren, »die demonstrierenden Studenten sind hundertprozentig im Recht. Nicht einer von ihnen ist je bewaffnet gewesen; selbst die Steine, mit denen sie sich in höchster Todesnot in den Kesseln der Krummen Straße zu verteidigen suchten, mussten sie erst mit den Fingern aus dem Straßenpflaster klauben. Zu behaupten, dass sie Berlin ›terrorisierten‹, ist schamlose Lüge und niederträchtige Verleumdung. Ihr ganzes Verbrechen besteht in der Demonstration für ihre Meinung, die von der Meinung der Springerpresse abweicht.«[101]

Eineinhalb Stunden lang wurde der tödlich verletzte Benno Ohnesorg im Krankenwagen durch Berlin gefahren, bis ihn endlich das Krankenhaus Moabit aufnahm. Da war er vermutlich schon tot, aber über den Todeszeitpunkt gibt es Differenzen.[102] Mit im gleichen Krankenwagen lag eine der vielen zusammengeschlagenen Demonstrantinnen. Das Krankenhaus Moabit weigerte sich, sie aufzunehmen, weil sie aus Angst vor der Polizei ihre Personalien nicht angeben wollte. Passanten fanden sie später in einiger Entfernung blutüberströmt auf der Straße liegen.

Rudi Dutschkes Anwalt Horst Mahler vertrat die Interessen der jungen Witwe Christa Ohnesorg. Er fand heraus, dass jemand dem Toten ausgerechnet das Stück des Schädels entfernt hatte, durch das die Kugel in den Kopf eingedrungen war. Fein säuberlich war die Haut über dem Loch wieder vernäht worden.

Der Berliner SPD-Senat versuchte tatsächlich, den

Trauerzug, mit dem Benno Ohnesorg zu Grabe getragen werden sollte, als Demonstration verbieten zu lassen, gab dann aber den vielen öffentlichen Protesten nach. So begleiteten am 9. Juni fünfzehntausend Menschen den Sarg vom Campus der FU Berlin zum deutsch-deutschen Grenzübergang Dreilinden im Berliner Stadtteil Wannsee. Dort hielt Rudis Freund, der Theologe und FU-Professor Helmut Gollwitzer, eine Rede: »Der Todesmonat von Benno Ohnesorg ist auch der Todesmonat für viele junge Vietnamesen, Amerikaner, Israelis und Araber gewesen.«

Einige hundert Menschen fuhren in rund zweihundert Pkws hinter dem Wagen mit dem Sarg durch die DDR, die sowohl auf Visa als auch auf eine Ausweiskontrolle verzichtete. In einem der Autos saß Rudi Dutschke. Als der Trauerzug die Kontrollpunkte Drewitz, Magdeburg und Marienborn passierte, standen Tausende von Mitgliedern der Freien Deutschen Jugend (FDJ), der Jugendorganisation der SED, und Mitglieder von Betrieben Spalier.

Auf dem Kongress »Hochschule und Demokratie«, der sich der Beerdigung in Benno Ohnesorgs Geburtsstadt Hannover anschloss, kam es zu einem Eklat. Vor den mehr als siebentausend versammelten Menschen in der Niedersachsenhalle rief Jürgen Habermas dem da bereits wieder abgereisten Rudi Dutschke, stellvertretend für die antiautoritäre Linke, hinterher: Er wolle sich nicht »in der vorgesehenen Schärfe [...] äußern«, sondern »mäßigen«, weil Herr Dutschke nicht mehr auf dem Kongress anwesend sei. Aber er habe »Gründe«, vorzuschlagen, die »voluntaristische Ideologie«, die Herr Dutschke hier entwickelt habe, »die man im Jahr 1848 utopischen Sozialismus genannt hat«, als »linken Faschismus« zu bezeichnen. Werde hier nicht »willentlich die manifeste Gewalt herausgefordert«? Die »offizielle Version [...], dass der Tod eines Kommilitonen auf das Konto von provokationistischen Studentenhorden geht«, würde sie nicht »Wahrheit werden können, wenn seine Strategie sich durchsetzt«?[103]

Dutschke hatte ihm zuvor in der Auseinandersetzung vorgeworfen: »Die materiellen Voraussetzungen für die Machbarkeit unserer Geschichte sind gegeben. Die Entwicklungen der Produktivkräfte haben einen Prozesspunkt erreicht, wo die Abschaffung von Hunger, Krieg und Herrschaft materiell möglich geworden ist. Alles hängt vom bewussten Willen der Menschen ab, ihre schon immer von ihnen gemachte Geschichte endlich bewusst zu machen, sie zu kontrollieren, sie sich zu unterwerfen, das heißt, Professor Habermas, Ihr begriffsloser Objektivismus erschlägt das zu emanzipierende Objekt.« Und: Man müsse mit den »etablierten Spielregeln dieser unvernünftigen Demokratie« brechen.[104]

Erst am folgenden Tag hörte Dutschke beim Besuch im Republikanischen Club die Habermas-Anklage vom Tonband. In sein Tagebuch notierte er: »Der Vorwurf reduzierte sich darauf, dass ich, der ich durch Aktionen die sublime Gewalt zwinge, manifest zu werden, bewusst Studenten ›verheizen‹ wolle ... Ha[bermas] will nicht begreifen, dass allein sorgfältige Aktionen Tote, sowohl f[ür] d[ie] Gegenwart als auch noch mehr für d[ie] Zukunft ›vermeiden‹ können. Organisierte Gegengewalt unsererseits ist der größte Schutz, nicht organisierte Abwiegelei à la H[abermas].«[105]

Es gab auch Professoren wie Wolfgang Abendroth, die auf der Seite der APO standen und deren Demonstrationsrecht gegen Habermas verteidigten. Abendroth stellte den Bezug zur Novemberrevolution von 1918 her, als er auf dem Kongress in Hannover sagte: »Und machen Sie sich keine Hoffnung, dass Albertz und Konsorten durch Argumente von irgendetwas zu überzeugen wären. Gustav Noske [der als SPD-Reichswehrminister die Aufstände im Gefolge der Novemberrevolution 1918 blutig niederschlagen ließ] war auch nicht durch Argumente zu stürzen.«

Der neuen Linken am nächsten aber stand der Hannoveraner Psychologieprofessor Peter Brückner, welcher der Unterstellung, dass die Provokationen der Studenten erst »die Möglichkeit zur Unmenschlichkeit« erzeugten, energisch widersprach: »Diese Brutalität liegt fertig in allen Teilen gut ausgebildet und artikuliert unter einer sehr dünnen Schale des sozialen Friedens, und viele dieser sogenannten Provokationen sind Instrumente, mit denen man, wie mit einer Sonde, diese dünne Decke vielleicht hinwegzieht, um dann zu sehen, wie ein Teil dieser Realität aussieht, in der wir uns bewegen.«[106]

Dieser Peter Brückner, zu dessen Wohnung Ulrike Meinhof später, während ihres Lebens im Untergrund, freien Zugang haben sollte, hatte schon ab 1939, als Siebzehnjähriger, Kontakte zu Antifaschisten und war nach Kriegsende Mitglied der KPD. Ab 1967 hatte er den Lehrstuhl für Psychologie an der Universität Hannover inne. Sein Versuch, 1977 gegen die Außerkraftsetzung des Rechtsstaats im »Deutschen Herbst« eine öffentliche Diskussion (»Mescalero-Aufruf«) durchzusetzen, wurde mit der Suspendierung vom Dienst bestraft. Er hielt nur noch private Vorlesungen und publizierte, durfte aber nicht mehr an die Universität zurückkehren und starb 1982 in Nizza im Alter von nur neunundvierzig Jahren.

Ulrike Meinhof war am 2. Juni nicht in Westberlin, sie lebte damals noch in Hamburg. Auch Rudi Dutschke hatte den Tag in Hamburg verbracht und flog abends nach Westberlin zurück. Dort erfuhr er zuerst an einer U-Bahn-Station die Lüge, dass »einer von uns« einen Polizisten durch einen Messerstich tödlich verletzt haben sollte, bevor ihm die Genossen berichteten, was wirklich geschehen war. Dutschke war mittendrin, als es am nächsten Tag von einer Protestversammlung aus einen Demonstrationszug zum Rathaus Schöneberg gab, der unterwegs von der Polizei mit Gewalt zur Umkehr gezwungen wurde.

In einem Radiofeature kommentierte Ulrike Meinhof: »Die Proteste gegen einen Polizeistaatschef entlarven unseren Staat selbst als Polizeistaat. Polizei- und Presseterror erreichten am 2. Juni [1967] in Berlin ihren Höhepunkt. Da begriffen wir, dass Freiheit in diesem Staat die Freiheit für den Polizeiknüppel ist und Pressefreiheit im Schatten des Springerkonzerns die Freiheit, den Knüppel zu rechtfertigen.«[107]

Nirgends sollten sie sich versammeln dürfen, selbst das Audimax der FU wurde ihnen verweigert. Die Proteste verlagerten sich von einem Ort zum anderen. Schließlich öffnete ihnen der Dekan der Fakultät für Wirtschafts- und Sozialwissenschaft seine Türen und fing sich prompt eine Rüge vom Regierenden Bürgermeister Albertz ein.[108]

Viele redeten an diesem Tag auf der Versammlung, manche in Dutschkes Augen auch »Unsinn«. Rudi Dutschke, der sich über mangelnden Beifall für seinen Redebeitrag nicht beklagen konnte, bewunderte das »glänzende« Referat von Klaus Meschkat, SDS-Genosse und Mitgründer des Republikanischen Clubs, das dieser »mit der Forderung nach Enteignung des Springerkonzerns vervollständigt[e]«.[109] Für viele war es das erste Mal, dass sie die Forderung hörten: »Enteignet Springer!«[110]

10

Marcuse und Feltrinelli

(Sommer 1967)

Im Sommer 1967 freundeten sich Rudi Dutschke und Ulrike Meinhof mit dem italienischen Kommunisten und Verleger Giangiacomo Feltrinelli an. Dessen Lebensgefährtin Inge Schoenthal hatte Kampen auf Sylt besucht, wo sich die bürgerliche Hamburger Medienszene erholte, in der Ulrike Meinhof sich inzwischen selbstbewusst bewegte. Kaum eine konnte so wie sie erklären, was die APO wollte. Es gab hier auch Intellektuelle, Künstler und Publizisten, mit denen es sich für Ulrike Meinhof zu diskutieren lohnte, und ganz nebenbei nützten ihr manche Kontakte beruflich. Die heiteren Sommerferien halfen ihr auch, die zunehmende Leere ihrer scheiternden Ehe zu übertünchen.

Es war ihr letzter Sommer auf Sylt. Der Germanist Reinhart Baumgart erinnerte sich viele Jahr später an die Sommer 1966 und 1967 auf Sylt: »Nicht am Strand, aber abends hielt in Kampen Ulrike Meinhof Hof, bewundert wegen ihrer unermüdlich engagierten Argumentationslust, wegen ihres Selbstbewusstseins und der freundlichen Nachsicht mit ihren im Gespräch schon unterlegenen Gegnern. Wie stur konnte sie fragen, wie ernst ihren Standpunkt halten, wie unerwartet lachen, wie erbittert kämpfen, ohne jemanden scharf zu verletzen, wie überraschend, wohltuend war diese Wärme mitten im Streit, wie selten unter linken Intellektuellen ihrer Generation. Ich bin nur Ulrikes Kotzbrocken, so stellte sich Klaus Rainer Röhl gern vor als Begleiter seiner Frau und hoffte dann auf Widerspruch. Doch ihm fehlte tatsächlich alles, was an ihr bewundert, ja geliebt wurde.«[111]

Inge Schoenthal vermittelte eine Einladung nach Italien, und Ende August, Anfang September besuchten Ulrike Meinhof und Klaus Rainer Röhl Giangiacomo Feltrinelli in Mailand und auf seinem Schloss in Villadeati im Piemont. Die Feltrinellis gehörten zu den reichsten italienischen Familien; Wälder, Immobilien und Banken waren in ihrem Besitz, der Feltrinelli-Verlag und die modernen Feltrinelli-Buchhandlungen waren ein ökonomischer und gesellschaftlicher Erfolg, und Giangiacomo Feltrinelli war als Verleger von Boris Pasternaks *Dr. Schiwago* und von Giuseppe Tomasi di Lampedusas *Leopard* berühmt geworden. Aber das war es alles nicht, was Ulrike Meinhof interessierte.

Giangiacomo Feltrinelli und Ulrike Meinhof mochten sich auf Anhieb. Stundenlang diskutierten sie allein miteinander, während ihre Partner sich anderen Beschäftigungen zuwandten. Sie hatten einiges gemeinsam: Meinhof hatte die KPD verlassen, Feltrinelli die Kommunistische Partei Italiens (PCI). Beide bewegten sich auf die neue radikale Linke in ihren Ländern zu – Ulrike Meinhof auf die Antiautoritären, Feltrinelli auf *Potere Operaio* (Arbeitermacht), gegründet 1967, und

Lotta Continua (Fortwährender Kampf), die sich 1969 gründen sollte. Meinhof wie Feltrinelli sympathisierten mit der Black-Power-Bewegung in den USA und mit etlichen anderen revolutionären Bewegungen in der Welt. Beide bewunderten die kubanische Revolution und hatten Kontakt zu Fidel Castro: Meinhof brieflich für *konkret;* Feltrinelli hatte Castro besucht und bekam später von ihm das Manuskript von Ernesto Che Guevaras *Bolivianischem Tagebuch.* Sie machten sich in diesen Septembertagen Gedanken um Che, der an unbekanntem Ort in Bolivien kämpfte.

Der faschistische Militärputsch in Griechenland hatte die neuen Freunde in große Sorge versetzt, Feltrinelli vielleicht noch mehr als Meinhof. Seit dem Putsch der griechischen Obristen und den rechtsextremen Anschlägen auf Eisenbahnen und öffentliche Einrichtungen in Italien wuchs Feltrinellis Angst, dass auch die italienischen Faschisten einen Umsturzversuch wagen könnten. Bald darauf bereitete der Verleger in den norditalienischen Bergen den bewaffneten Widerstand gegen den befürchteten faschistischen Staatsstreich vor.

Ulrike Meinhof war seit einigen Tagen wieder zurück in Hamburg, als Rudi Dutschke vom 11. bis 13. September 1967 nach Mailand fuhr, wo Feltrinelli eine beeindruckende Bibliothek zur Arbeiterbewegung aufgebaut hatte. Dutschke, der für seine Doktorarbeit forschen wollte, war fasziniert von den Beständen der Bibliothek; wahre Kostbarkeiten aus der Geschichte der Arbeiterbewegung hatte Giangiacomo Feltrinelli hier zusammengetragen.

Bei der Besichtigung der Bibliothek kam ein »drahtiger, dünner Mann mit dickem schwarzrotem Schnurrbart und schwarzem, leicht graumeliertem Haar« und »schwarzer Hornbrille« auf die Dutschkes zu. Es war Feltrinelli, der die beiden zum Essen einlud und – »er hatte wohl gesehen, dass wir nicht reich waren«, meint Gretchen Dutschke – ihnen für die Zeit ihres Aufenthalts freundlich eine höchst komfortable Wohnung überließ.

»Abends erschien Feltrinelli mit seiner Freundin Sybille und wollte uns die Stadt zeigen. Wir stiegen in seinen Sportwagen und erlebten eine Wirbelrundfahrt durch die Metropole. Als ein Auto in einer Einbahnstraße uns den Weg blockierte, gab Feltrinelli bis zum letzten Augenblick Gas – wohlgemerkt in der falschen Fahrtrichtung –, dann quietschten die Bremsen [...] Menschen sprangen aus dem Auto vor uns und schrien. Feltrinelli sprang auch aus dem Auto und schrie noch lauter. Noch mehr Menschen sammelten sich, und alle schrien und gestikulierten. Feltrinelli hielt am längsten durch. Besiegt stiegen die Leute in ihr Auto und fuhren rückwärts, um die Straße für Feltrinelli frei zu machen.«[112]

Dutschke notierte in seinem Tagebuch, worüber er mit dem Genossen Verleger sprach: »a) über Bolivienaufenthalt [Feltrinelli war kürzlich zur Unterstützung von Regis Debray und Che Guevara in Bolivien gewesen] / b) über Debray-Buch [Regis Debray: *Revolution in der Revolution*, 1967] / c) über Unterstützung d[er] Anti-Springer-Aktionen (Sybille etc.) / d) über Bücher-

Hilfe (Reprints) [...] / g) Dissertations-Materialien im Institut vervollständigt (ist besser als Amsterdam!!) / h) Deutsche Publikationen nach Meran (Sybille) / i) alle Dokumente aus Institut schicken«.[113]

»Sybille« war die zweiundzwanzigjährige Sibilla Melega, Kunstgeschichtsstudentin deutsch-italienischer Herkunft aus Meran, seit kurzem die Freundin von Giangiacomo Feltrinelli, ab 1969 seine Ehefrau. Der vierzigjährige Feltrinelli stand für alles, was Sibillas autoritärer Vater verboten hatte und was sie liebte: Literatur, Kunst und Freiheit. Sie wurde jetzt zu einer Art Kontaktadresse zwischen Dutschke und Feltrinelli, sie nahm Sendungen entgegen und fuhr manchmal auch als Eisenbahnkurier von Italien durch die DDR nach Westberlin, geheime Briefe unter der Jacke.[114]

Feltrinelli hatte manchmal auch andere deutsche Gäste. Einmal betrank er sich mit einem prominenten deutschen Verleger in seinem einsamen Kärntner Anwesen, dem Oberhof, heftig; die beiden Männer bastelten aus den gemeinsam geleerten Flaschen Molotowcocktails und wetteiferten, wer sie am weitesten in den Schnee werfen konnte.

Die Themen der Gespräche zwischen Feltrinelli und Dutschke einerseits und Feltrinelli und Meinhof andererseits dürften sich überschnitten haben. Über beide Begegnungen gibt es keine genaueren Berichte von den Beteiligten, nicht ein Wort von Ulrike Meinhof, nur ein paar karge Stichworte im Tagebuch von Rudi Dutschke. Aber diesen Gesprächen entsprang die politische und finanzielle Unterstützung Feltrinellis für drei folgenreiche linke Westberliner Projekte: für die Enteignet-Springer-Kampagne, für den Internationalen Vietnamkongress und für das Internationale Nachrichtenund Forschungsinstitut (INFI).

Im Juni hatte sich Dutschke wie so viele Linke überall auf der Welt Sorgen gemacht, dass Che tot war. Zwei Wochen nach Benno Ohnesorgs Tod nahm Dutschke an einer Diskussion im Republikanischen Club Westberlin teil. Dort ging es an diesem Abend um den Stalinismus und die Notwendigkeit einer »zweiten Revolution« für die DDR, Osteuropa und die Sowjetunion. Das sei »die wirkliche 2. Front«, sagte Dutschke. Später in dieser Nacht hörte er auch noch einen Bericht aus Kuba und dass Che noch lebte. Begeistert schrieb er in sein Tagebuch: »Che lebt und arbeitet in Bolivien, die dritte Front ist errichtet, d.h. es existieren dort wenigstens 200 voll ausgebildete Guerillas. Das ist sehr viel!! Kämpfen schon mit Raketenwaffen!! Die Vietcong haben solche Waffen erst vor kurzem erhalten.«

Vielleicht beschleunigte das Gespräch mit Feltrinelli die Idee, die »Mesaje a la Tricontinental« (Botschaft an die Trikontinentale), Che Guevaras Brief an das Exekutivsekretariat der Organisation der Solidarität der Völker Afrikas, Asiens und Lateinamerikas (OSPAAL), ins Deutsche zu übertragen. Gaston Salvatore schreibt darüber: »Eines Tages treffe ich Rudi auf der Garystraße vor der Freien Universität. Er hatte die Schrift von Che Guevara bei sich [...] und sagte: ›Das muss man unbedingt ins Deutsche bringen. Ich würde es am liebsten morgen haben.‹ Dann haben wir uns bei ihm zu

Hause hingesetzt. [...] Wir arbeiteten zwei oder drei Nächte.« Salvatore lief in Dutschkes Zimmer hin und her, radebrechend, rauchend, gestikulierend. Rudi hackte alles langsam in die Maschine und redigierte.

Manche Textpassagen erschreckten sie – »ein Volk ohne Hass kann über einen brutalen Feind nicht siegen« –, und sie beschlossen, ein Vorwort zu schreiben. Darin heißt es: Auf der einen Seite liege »im Hass gegen jedwede Form der Unterdrückung ein militanter Humanismus«, auf der anderen Seite wohne darin die Gefahr des Umschlags in »verselbständigten Terror«.[115]

Die deutsche Ausgabe von Guevaras Brief hieß *Schaffen wir zwei, drei, viele Vietnam*[116] und hatte großen Einfluss auf die Debatte der Linken.

In den Wochen nach der Erschießung von Benno Ohnesorg hatte Rudi Dutschke an zahllosen Diskussionen im kleinen Kreis, im SDS, auf Podien vor überfüllten Sälen und an Fernsehdiskussionen teilgenommen, in Westberlin natürlich, aber auch in Hamburg, Hannover, Freiburg, Mannheim, Heidelberg. Und wenn er nicht diskutierte oder vor Hunderten Leuten Vorträge hielt, dann las er, etwa Frantz Fanons Buch *Die Verdammten dieser Erde*, das seit einem Jahr auf Deutsch zu haben war,[117] und in den Werken von Herbert Marcuse, einem Philosophen der »Frankfurter Schule«.

Andere Vertreter der »Frankfurter Schule« waren inzwischen weniger beliebt. Als der Frankfurter Philosophieprofessor Theodor W. Adorno bei seinem Vortrag über Goethes *Iphigenie* im Juli 1967 selbst anlässlich des Todes von Benno Ohnesorg nicht zu einer politischen Diskussion bereit war, entrollten Linke Spruchbänder mit der Aufschrift »Berlins linke Faschisten grüßen Teddy den Klassizisten«.

Vom 10. bis zum 13. Juli 1967 kam Herbert Marcuse auf Einladung des SDS nach Westberlin.[118] Der Professor an der University of California, San Diego in La Jolla/Kalifornien, war bis dahin in Deutschland weitgehend unbekannt. Er stammte aus einer großbürgerlichen jüdischen Berliner Familie, wurde 1918 – Rosa Luxemburg lebte noch – Mitglied eines revolutionären Soldatenrats in Berlin-Reinickendorf, aus dem er austrat, »als man anfing, die früheren Offiziere ohne weiteres hineinzuwählen. Dann habe ich die Niederlage der Revolution in Berlin erlebt, teils war es Verrat, teils Niederschlagung.« 1933 gründete Marcuse gemeinsam mit Theodor W. Adorno und Max Horkheimer das Institut für Sozialforschung in Frankfurt am Main. Noch im selben Jahr floh er in die Schweiz, 1934 in die USA: »Es war deutlich, dass der Faschismus kommen würde.«[119]

Es bedurfte der aufkommenden Revolte Mitte der sechziger Jahre, um seine Bücher endlich nach Deutschland zu befördern, mehr als dreißig Jahre nachdem er verjagt worden war.

Im überfüllten Audimax referierte Herbert Marcuse am ersten von vier Abenden vor zweitausendfünfhundert Studenten über »Das Ende der Utopie«. Er erläuterte, warum auf dem gegebenen Stand der Produktivkräfte die Abschaffung von Ausbeutung, Hunger, Elend und Krieg zum ersten Mal in der Geschichte weltweit möglich sei. Wer dafür kämpfe, sei ein Realist. Eine befreite und herrschaftsfreie Gesellschaft sei das Resultat der historischen Entwicklung und deshalb keine Utopie mehr, eben nicht nur Traum und keineswegs ortlose Theorie. Die Opposition gegen die alten Zustände sei legitim.[120] – In Rudi Dutschkes Äußerungen wird bald viel von Marcuses Position durchschimmern.

Am zweiten Abend sprach Marcuse über »Das Problem der Gewalt in der Opposition«. Er berichtete von der Opposition in den USA, vom Civil Rights Movement, der Bürgerrechtsbewegung, sprach über die andere soziale und ethnische Zusammensetzung dieser US-Opposition, redete über Black Power, über Puerto-Ricaner und andere Minderheiten, die zusammen noch lange keine gesellschaftliche Mehrheit ausmachten, weil die Arbeiterklasse nicht auf ihrer Seite stand. Dennoch habe diese an gesellschaftlichen Veränderungen interessierte Minderheit, sagte Marcuse, ein Recht, sich gegen die von der herrschenden Mehrheit gesetzten Gesetze und Normen zu wehren.

»Demgegenüber«, so Marcuse, »steht die Anerkennung und Ausübung eines höheren Rechts und die Pflicht des Widerstandes als Triebkraft der geschichtlichen Entwicklung der Freiheit, ›civil disobedience‹ [ziviler Ungehorsam] als potentiell befreiende Gewalt. Ohne dieses Widerstandsrecht, ohne dieses Ausspielen eines höheren Rechts gegen das bestehende Recht ständen wir heute noch auf der Stufe der primitivsten Barbarei.«[121]

Seine Zuhörer klatschten lange, traf das doch einen zentralen Punkt ihrer Überlegungen. Aber »Konfrontation um der Konfrontation willen«, fügte der alte Mann an, »ist Unsinn, und genauso: Gewaltlosigkeit als Prinzip zu verkünden bedeutet die Kapitulation vor der bestehenden Gewalt. Aussicht auf Erfolg aber entsteht der neuen Opposition letztlich nur aus der mühsamen sozialen Verbreiterung.«[122]

Der Aufsatz »Repressive Toleranz« wurde zu einem der wichtigsten Texte der Neuen Linken. Marcuse zerlegte darin den üblichen, oft verlogenen Begriff von Toleranz, indem er erläuterte: Die herrschende Toleranz ist repressiv und stützt die herrschenden Verhältnisse.[123] »Unparteiische Toleranz« existiere nicht, sie schütze »in Wirklichkeit die bereits etablierte Maschinerie der Diskriminierung«.[124] Es gebe »politische Maßnahmen, Bedingungen und Verhaltensweisen […], die nicht toleriert werden sollten, weil sie die Chancen, ein Dasein ohne Furcht und Elend herbeizuführen, behindern, wo nicht zerstören. Diese Art von Toleranz stärkt die Tyrannei der Mehrheit.«[125]

Marcuse ging noch weiter: »Ich glaube, dass es für unterdrückte und überwältigte Minderheiten ein ›Naturrecht‹ auf Widerstand gibt, außergesetzliche Mittel anzuwenden, sobald die gesetzlichen sich als unzulänglich herausgestellt haben […] Es gibt keinen anderen Richter über ihnen außer den eingesetzten Behörden, der Polizei und ihrem eigenen Gewissen. Wenn sie Gewalt anwenden, beginnen sie keine neue Kette von Gewalttaten, sondern zerbrechen die etablierte.«[126]

Rudi Dutschke, der am Ende dieser Veranstaltungsreihe in Marcuse einen väterlichen Freund und politischen Lehrer haben wird, meldete sich in der Diskussion zu Wort und schlug einen konkreten Schritt für Westberlin vor: »Ich meine, die nächste wichtige Etappe in der Verbreiterung für die außerparlamentarische Opposition in Westberlin wäre, Springerauslieferungen durch systematische Kampagnen, wochenlange Kampagnen in der Bevölkerung zu verhindern, einen systematischen Aufklärungsprozess durch die Aktionskomitees der verschiedenen Hochschulen, Universitäten, Schulen, vielleicht Betriebe und andere Vertreter der Gesamtbevölkerung zu beginnen und immer weitere Schichten der Bevölkerung zu erreichen, die sich nicht mehr manipulieren lassen.«[127]

Fast auf den Tag genau neun Monate später, am Tag des Attentats gegen Rudi, wird es den ersten praktischen Versuch dazu geben.

Während Marcuse in Berlin weilte, wurde die Frage der Gewalt in den USA neu beantwortet. Schon 1966 war es zu Aufständen von Afroamerikanern in den Ghettos von Los Angeles und Cleveland in Ohio gekommen. Dem folgte, während Marcuse in Westberlin war, eine Revolte der unterdrückten Schwarzen in Newark (New Jersey), die durch den Einsatz von viertausend Polizisten und Nationalgardisten niedergeschlagen wurde; die Bilanz: siebenundzwanzig Todesopfer und tausendeinhundert Verletzte. Diese Ereignisse und die dramatische soziale und rechtliche Lage der meisten Schwarzen führten zu einer Kettenreaktion in mehr als hundert US-Städten. Die rund tausend Delegierten einer Black-Power-Konferenz wollten sich vom 20. bis 24. Juli 1967 in Newark besprechen, um Boykott- und Widerstandsmaßnahmen zu beschließen. Am letzten Tag der Konferenz brach eine schwere Revolte in Detroit (Michigan) aus. Sechzehntausend bewaffnete Kräfte, Polizisten und Nationalgardisten, schlugen den Aufstand nieder, am Boden und aus der Luft – mit Rauchbomben, Nervengas, Panzern und ganzen Staffeln von Hubschraubern. Einundvierzig Menschen wurden getötet, zweitausend verletzt und über viertausend verhaftet. Um ihre Leute nicht mehr hilflos den staatlichen Kampftruppen auszuliefern, hatten zum ersten Mal bewaffnete Gruppen der Black Panther in die bürgerkriegsähnlichen Auseinandersetzungen eingegriffen.

Bevor er Mitte September nach Italien fuhr, hatte Rudi Dutschke über die Ereignisse um den Tod von Benno Ohnesorg nachgedacht, und aus allem, was er las, was er diskutierte und aus aller Welt hörte, den Schluss gezogen: »Die etablierten Organisationen von SPD bis Gewerkschaften [sind] für eine Demokratisierung von unten absolut untauglich.«[128] Der Fall Fritz Teufel – er saß wegen eines angeblichen Steinwurfes am 2. Juni wochenlang in Haft, der Polizist Karl-Heinz Kurras hingegen, der Benno Ohnesorg erschossen hatte, hatte nicht einen Tag in einer Zelle verbracht – bewies, »wie sehr die Vertreter der radikalen Opposition von keiner etablierten Organisation geschützt werden, wie sehr wir außerhalb des Systems der etablierten Institutionen stehen – was in der Tat aber auch unsere Stärke und ›Zukunft‹ ausmacht«.[129]

Dutschke besprach mit seinen Freunden, den SDS zu einer »politisch-organisatorischen Kampforganisation« zu machen.[130] Er fragte: »Wie, mit welchen organisatorischen, personellen und inhaltlichen Bestimmungen, können die Aktionen weitergetrieben werden, die Aktionszentren auf erweiterter Basis reproduziert werden?«[131]

Für die SDS-Konferenz vom 4. bis 8. September 1967 in Frankfurt am Main bereitete Rudi Dutschke sich gründlich vor. Auf dieser Konferenz sollte über den zukünftigen Weg des SDS entschieden werden. Siebzig Delegierte aus fünfunddreißig SDS-Hochschulgruppen tagten unter der Fahne der südvietnamesischen Befreiungsbewegung FNL. Viele Gäste aus der Sowjetunion, der DDR, vom amerikanischen SDS und aus Griechenland diskutierten mit. Themen waren unter anderem der Widerstand gegen die Notstandsgesetze, die Kampagne gegen Springer, das KPD-Verbot, die Militärdiktatur in Griechenland, die lateinamerikanische Guerilla und die umstrittene »Organisationsfrage«.

Tatsächlich zogen ihre Aktionen Kreise. Die APO war längst das Vorbild vieler Lehrlinge, Jungarbeiter und Schüler. Anfang 1967 gründeten Schülergruppen aus mehr als zwei Dutzend Städten mit der Unterstützung des SDS das »Aktionszentrum unabhängiger und sozialistischer Schüler« (AUSS). Der SDS stand unter großem Druck. Wie sollte er dieses immer größer werdende neue politische Spektrum organisieren? Wie es zu einer langfristigen politischen Kraft machen?

Einige Tage vor dem SDS-Kongress fuhr Rudi Dutschke nach Frankfurt am Main, um sich mit dem SDSler Hans-Jürgen Krahl abzusprechen. Der vierundzwanzigjährige Krahl war sicher einer der klügsten antiautoritären Theoretiker der Revolte und ein bekannter Aktivist des Frankfurter SDS. Er studierte und promovierte bei Theodor W. Adorno, den er bald von links kritisierte. Sein Tod bei einem Autounfall im März 1970 – nie ist es der Tod eines Einzelnen, der den Lauf der Geschichte verändert – beschleunigte den Zerfall des SDS, der sich im März 1970 auflöste.

Das gemeinsame Referat von Dutschke und Krahl machte trotz seines langweiligen Titels »Organisationsreferat« Furore. Noch nie zuvor hatte es einen solchen Medienrummel um eine SDS-Delegiertenkonferenz gegeben. Als Rudi Dutschke ans Mikrofon ging, stand zur Überraschung vieler Delegierter Hans-Jürgen Krahl neben ihm. Über das »Bündnis« der beiden wusste kaum einer Bescheid; es war angesichts der Spannungen zwischen »den Berlinern« und »den Frankfurtern« etwas Neues. Dutschke trug das gemeinsame »Organisationsreferat« vor, das später unter dem Titel »Das Sich-Verweigern erfordert Guerilla-Mentalität« verbreitet wurde.[132]

Den Kerngedanken des Referats zufolge war die Struktur des SDS der »noch nie dagewesenen Verbrei-

terung des antiautoritären Protests nach dem 2. Juni«
nicht mehr gewachsen. Die unorganisierte Spontaneität der Bewegung drohte die Gruppen zu sprengen und
ihre politische Praxis auf hilflose Reaktionen zu beschränken. Da die »Selbstorganisation« des Proletariats
»geschichtlich unmöglich geworden« war, müssten
jetzt revolutionäre Minderheiten in der Auseinandersetzung mit dem Staat »einen Bewusstseinsprozess [...]
der passiven und leidenden Massen« bewirken. Che
Guevaras »›Propaganda der Schüsse‹ in der ›Dritten
Welt‹ muss durch die ›Propaganda der Tat‹ in den Metropolen vervollständigt werden«. »Der städtische
Guerillero ist der Organisator«, der das System unter-
drückerischer Institutionen zu unterwandern hat, er-
klärten Rudi Dutschke und Hans-Jürgen Krahl. »Die
Universität bildet seine Sicherheitszone, genauer gesagt, seine soziale Basis, in der er und von der er den
Kampf gegen die Institutionen, den Kampf um den
Mensagroschen und um die Macht im Staate organi-
siert.« Der SDS brauche eine andere Organisations-
struktur. »Das Sich-Verweigern in den eigenen Institu-
tionsmilieus erfordert Guerilla-Mentalität, sollen nicht
Integration und Zynismus die nächste Station sein.«

Das Referat, in dem zum ersten Mal vor einer größeren Öffentlichkeit der Begriff des »städtischen Gueril-
leros« auftauchte, erntete bei der Mehrheit der Delegierten begeisterten Beifall. Zum ersten Mal setzte sich
bei Vorstandswahlen die antiautoritäre Fraktion im
SDS ganz durch und stellte mit den Brüdern Karl Dietrich Wolff (Freiburg) und Frank Wolff (Frankfurt am

Main) die neuen Bundesvorsitzenden. Im Zerfallsprozess der APO, 1969, zog Frank Wolff es dann vor, sich wieder ganz seinem Cello zu widmen.

Aber es gab auf der SDS-Konferenz nicht nur Applaus. Studenten, die der KPD nahestanden, und solche, die bald K-Gruppen gründen würden, reagierten unflätig, einer griff gegen Rudi Dutschke sogar Habermas' Kampfbegriff vom »linken Faschismus« auf.

In der »Woche der Rücktritte« zwischen dem 19. und dem 26. September, drei Monate nach dem Tod Benno Ohnesorgs, traten der Westberliner Innensenator Wolfgang Büsch, der Polizeipräsident Erich Duensing und der Regierende Bürgermeister Heinrich Albertz zurück. Neuer Innensenator wurde Kurt Neubauer (SPD), neuer Polizeipräsident Georg Moch (CDU), neuer Regierender Bürgermeister Klaus Schütz (SPD). Die Neubesetzungen waren Resultate interner Machtkämpfe im Partei- und Polizeiapparat. Die Gruppe um Kurt Neubauer machte sich den Untersuchungsausschuss über die Ereignisse vom 2. Juni 1967 geschickt zunutze, um die bisherigen Amtsinhaber zu stürzen.

Nichts davon war eine reumütige Konsequenz aus dem Tod eines Studenten.

Und nichts wurde besser. Alle drei sollten im Amt sein, als auf Rudi Dutschke geschossen wurde. Nicht nur diese drei sollten vorher zur Pogromstimmung in Westberlin beitragen.

11

Muff von
tausend Jahren

(Herbst 1967)

In Hamburg möblierte Ulrike Meinhof das neue Haus in Blankenese. Sie hatte viel zu tun, Arbeiten, Kinder, Vortragsreisen. Am Ende »blieb das Haus im Wesentlichen uneingerichtet bis auf ein paar alte Schränke, die noch von früher stehengeblieben waren, durchweg Sachen mit Sperrmüllqualität«, wie Klaus Rainer Röhl schrieb.[133] Ulrike Meinhof war zunehmend unzufrieden mit ihrem Leben in Hamburg, einer Ehe, die sie mit Disziplin aufrechterhielt, fern von Westberlin, wo alles zu sein schien, was ihr politisch und menschlich fehlte. Trotzdem bereitete sie gemeinsam mit ihrem Ehemann zur Einweihung des neuen Hauses ein großes Fest vor, das ein gesellschaftliches Ereignis werden sollte.

In Gesprächen und mit ihren Kolumnen versuchte sie weiter die Position der neuen Linken zu vermitteln. »Es ist nicht Springers Schuld allein, dass die Differenz zwischen rechts und links, zwischen SPD und CDU, zwischen Augstein und Springer auf ein Minimum zusammengeschnurrt ist. Warum also Springer enteignen?«, fragte Ulrike Meinhof im Septemberheft von *konkret* und stellte die Systemfrage nicht, jedenfalls nicht offen.

Sie war keine linke Studentin, die für kleinste Zirkulare schrieb. *Konkret* hatte ein paar hunderttausend Leser. Darunter viele vereinzelte Linke und Linksliberale auch auf dem Land. Ulrike Meinhof versuchte die Positionen der neuen Linken zu »übersetzen« und sie auch in Kreise zu vermitteln, die nicht akademisch oder politisch gebildet waren. Etwa 1968 sagte sie: »Ich hatte immer das Gefühl, ich schreibe die Kolumne für Landlehrer, und ich schreib sie wie ein Landlehrer. Also für die Leute, die irgendwo verstreut in 'nem Dorf, in Kleinstädten sind. Die keinen organisatorischen Zusammenhang mit der sozialistischen Linken haben. Und die also über so ein einzelnes Heft wie *konkret* am Kiosk, durch das, was ich dann schrieb, in einen Diskussionszusammenhang mit der Linken kommen konnten.«[134]

Sie schrieb von der wünschenswerten »Redemokratisierung dieses Landes«, von der »Wiederherstellung der Volksherrschaft, der Bildung urteilsfähiger Bürger«, die aber zum Scheitern verurteilt sei, und zwar nicht deshalb, weil Springer seine Macht »missbraucht, sondern vor allem, weil er sie *hat*«.[135] Die Springermedien würden genau diese Erkenntnis blockieren: »Dass seine Zeitungen die große Koalition einpeitschten, dass seine Zeitungen die Berliner Bevölkerung und nicht nur diese gegen die Studenten aufhetzten, dass seine Zeitungen größeren Einfluß haben auf die deutschen

Arbeiter als deren Gewerkschaften, ist eine Binsenwahrheit.« »Politische Impulse«, sagte Meinhof, gingen von den Studenten aus, wie der Schahbesuch gezeigt hatte.

Rudi Dutschke, zurück aus Italien, reiste über Frankfurt am Main, wo er sich mit Hans-Jürgen Krahl und mit Ernest Mandel, dem belgischen Marxisten, wegen des Konzepts für den Vietnamkongress im kommenden Jahr besprach, nach Westberlin. Zunehmend war er gefährlichen Situationen mit aggressiven rechten Taxifahrern und anderen APO-Gegnern ausgesetzt.

Erschöpft ließ er sich von Ulrike Meinhof und Klaus Rainer Röhl überreden, sie Ende September in Hamburg zu besuchen und sich anschließend ein paar Tage auf Sylt auszuruhen.[136] In Hamburg begegnete Gretchen Dutschke zum ersten Mal Ulrike Meinhof. Es missfiel ihr, dass die sich nur für Rudi Dutschke interessierte: »Sie war völlig auf Rudi fixiert, und ein solches Verhalten von Leuten hat auf mich immer einen schlechten Eindruck gemacht.«[137]

Ulrike Meinhofs Tochter Bettina erinnert sich an die Gespräche ihrer Eltern mit Rudi Dutschke, vermutlich an Kolportagen ihres Vaters, denn sie selbst war erst fünf Jahre alt: »Nächtelang diskutierte er [Rudi Dutschke] mit Ulrike [Meinhof] und Klaus Röhl über die Weltrevolution, über Mao und Stalin.«[138] Als Kind fand sie, so erinnert sich jedenfalls die Erwachsene, diesen Gast »erbarmungswürdig«, immer derselbe Ringelpullover, »der Mann roch nicht gerade nach Parfüm« und hatte ein »Dreitagebart-Gesicht«. Aber irgendwas Besonderes war an ihm, denn bevor er das erste Mal zu Besuch nach Blankenese kam, kündigten die Eltern ihn als »großen Revolutionär und Studentenführer« an.[139]

Ulrike Meinhof und Rudi Dutschke könnten sich bei diesem Besuch auch über ihre Gespräche mit Giangiacomo Feltrinelli ausgetauscht haben.

Dann brachte Röhl die Dutschkes nach Sylt. Dort war Rudi Dutschke noch nie gewesen. Es war nichts los auf der Insel, nur Meer und viel Landschaft. »Was soll ich hier?«, fragte er. Erholen sollst du dich, sagte man ihm. Also gingen er und Gretchen spazieren, und Rudi langweilte sich grenzenlos.

Nach ein paar Tagen war die Ruhe vorbei, Rudi Dutschke wurde erkannt, und in Diskussionen hineingezogen. Mit seinen neuen Bekannten zog er los und ritzte »Enteignet Springer« in eine Klippe – immerhin war Sylt Axel Springers Zweitwohnsitz. Dann wurde Rudi zur Diskussion über die Frage »Axel Cäsar Springer – was stört uns?« in eine Teestube nach Westerland eingeladen. Dutschke war etwas nervös, denn hier sollte er hauptsächlich vor konservativen Geschäftsleuten sprechen, kein Feltrinelli war darunter.

Helmut Schilinski, der Organisator, sagte: »Er erreichte den Menschen selbst im hartgesottensten Unternehmer. Nie hab ich einen Politischen erlebt, der sich so um die ihm zuhörenden Menschen bemühte wie er. Ich sehe es noch vor mir, wie er menschlich auf die blödesten Springerargumente antwortete, wie er einem bulligen Dicken, der empört gehen wollte, sagte, bleiben Sie doch, wir können ja noch nachher sprechen. Der Mann blieb wirklich […] Ich höre, wie einer unserer wütendsten Gegner in den Rundgesprächen, ein ›realistischer Manager‹, nicht umhinkonnte, in der Runde zu sagen: ›Ich verstehe den Dutschke nicht, ich bin auch weiter ein Gegner aller Linken, aber der Junge ist ein anständiger Mensch, das steht fest. Der ist anständiger als alle Politiker zusammen.‹«[140]

Am Ende schrieb Dutschke seiner Pensionswirtin ins Gästebuch: »Das Leben als ein Urlaub / vom Tode zum Tode / soll in Zukunft nicht mehr gespalten sein / in langausdauernde Arbeit / und kurze Erholung. / Wir machen alle einen einzigen Urlaub. / Auch Frau Schugardt kann dann täglich / die Schönheit dieser Insel bewundern / und muss nicht immer für die Gäste arbeiten […] Kampen, September 67«.[141]

Ulrike Meinhofs Welten wurden allmählich unverträglich. Obwohl sie so glänzend mitspielen konnte, fühlte sie sich in Hamburg immer einsamer. Sie stritt mit Röhl über die Ausrichtung von *konkret*. Sie stritt mit ihm über die Erziehung der Kinder. Er nahm an ihrer Arbeit für Rundfunk- und Fernsehsendungen schon lange keinen Anteil mehr. Stattdessen hatte er wieder mal eine neue Freundin. Ulrike Meinhof erzählte ihm nicht mehr, was sie wirklich interessierte. Sie gestand sich ein, dass sie sich zu lange vorgemacht hatte, sie könne ihn ändern. »Ich glaube nicht mehr an Wunder«, sagte sie zu einer Freundin.

Was sie als sozialforschende Autorin seit Jahren über diese Bundesrepublik herausgefunden hatte, über die

Qual der Heimzöglinge, über die Ausbeutung und die Erschöpfung proletarischer Frauen und über das Drecksleben der »Fremdarbeiter«, vertrug sich nicht mehr mit Empfängen, Partys und der zynischen Welt der »feinen« Leute. Immer öfter kam sie sich verlogen und verloren vor.

Ulrike Meinhof erwog nicht nur die Scheidung, sondern vor allem grundsätzliche Veränderungen in ihrem Leben. »Manchmal habe ich das Gefühl, ich könnte überschnappen. Das Verhältnis zu Klaus, die Aufnahme ins Establishment, die Zusammenarbeit mit den Studenten – dreierlei, was lebensmäßig unvereinbar scheint, zerrt an mir, reißt an mir. Das Haus, die Partys, Kampen, das alles macht nur partiell Spaß, ist aber neben anderem meine Basis; subversives Element zu sein, Fernsehauftritte, Kontakte, Beachtung zu haben gehört zu meinem Beruf als Journalistin und Sozialist, verschafft mir Gehör über Funk und Fernsehen über *konkret* hinaus. Menschlich ist es sogar erfreulich, deckt aber nicht mein Bedürfnis nach Wärme, nach Solidarität, nach Gruppenzugehörigkeit. Die Rolle, die mir dort Eintritt verschaffte, entspricht meinem Wesen und meinen Bedürfnissen nur sehr partiell, weil sie meine Gesinnung als Kasperle-Gesinnung vereinnahmt, mich zwingend, Dinge lächelnd zu sagen, die mir, uns allen, bluternst sind: also grinsend, also maskenhaft.«[142]

Klaus Rainer Röhl muss sich ihr sehr unterlegen gefühlt haben, denn er neigte dazu, seine Frau vor anderen zu demütigen. Auf der Einweihungsparty Anfang

Oktober 1967, die auch ihr Geburtstagsfest war, verließ er vor aller Augen mit seiner neuesten Geliebten das Haus.

Schon seit längerer Zeit dachte Ulrike Meinhof darüber nach, ihren Mann endlich zu verlassen. Ihre Schwester riet ihr, sich gleich richtig scheiden zu lassen. Ulrike schwankte noch ein paar Wochen, man darf annehmen: wegen ihrer Kinder, denen die Vollwaise – Ulrike Meinhof hatte im Alter von fünf Jahren ihren Vater und mit vierzehn Jahren ihre Mutter verloren – den Vater nicht so ohne weiteres wegnehmen wollte. Außerdem war die Lage alleinerziehender, berufstätiger und politisch aktiver Mütter damals noch katastrophaler als heute. Trotzdem: Nach einer erneuten Demütigung durch ihren Mann reichte sie Anfang 1968 die Scheidung ein.

In Bolivien wurde Che Guevara von der bolivianischen Armee, unterstützt von der CIA, gejagt. Sie fingen ihn und erschossen ihn am 9. Oktober 1967, nicht ohne ihre tote Beute zu fotografieren und der Welt stolz wie eine Jagdtrophäe zu präsentieren. »Che lebt« druckte die Oberbaumpresse trotzig auf nun erscheinende Ausgaben von *Schaffen wir zwei, drei, viele Vietnam*.

Zwölf Tage später belagerten zweihundertfünfzigtausend Demonstranten aus Protest gegen den Vietnamkrieg das Pentagon. Die amerikanische Regierung setzte rund zehntausend Polizisten, Nationalgardisten und Fallschirmjäger gegen sie ein. Auch in London, Paris, Berlin, Rom, Oslo, Amsterdam und Tokio kam es zu Massenkundgebungen gegen den Vietnamkrieg. In Westberlin gründete die APO am 1. November 1967 an der Freien Universität die »Kritische Universität«. Die linken Studenten beanspruchten, künftig beim Lernen, Lehren und Forschen mitzubestimmen. Am 9. November wurde die feierliche Rektoratsübergabe in Hamburg gestört und ein Transparent mit der Aufschrift »Unter den Talaren – Muff von tausend Jahren« entrollt. Die APO war fertig mit dieser anmaßenden, nazidurchtränkten Ordinarienuniversität.

Die Aktionen, vor allem jene gegen den Vietnamkrieg und gegen die feudalen, elitären Strukturen der Universitäten, hörten nicht mehr auf. Und andere kamen hinzu. Am 21. November wurde der Kriminalobermeister Karl-Heinz Kurras von der Anklage der fahrlässigen Tötung – mehr war von den Tatvorwürfen nicht übrig geblieben – freigesprochen. »Putative Notwehr in unübersichtlicher Lage« habe zum Tod von Benno Ohnesorg geführt, bescheinigte ihm die 14. Große Strafkammer beim Landgericht Moabit. Manch älterer Mensch mochte sich noch an die Äußerung des Westberliner SPD-Vorsitzenden Franz Neumann von 1951 erinnern: »Berlin hat kein Interesse, dass [...] die Einsatzfreudigkeit der Westberliner Polizei gehemmt wird.«[143]

Unterdessen saß Fritz Teufel weiter in Untersuchungshaft. Das Gericht kündigte die Eröffnung des Verfahrens gegen ihn an. Sieben Tage nach dem Freispruch von Kurras demonstrierten mehr als tausend Studenten vor dem Berliner Gerichtsgebäude gegen die

Prozesseröffnung gegen den Kommunarden Fritz Teufel. Die Polizei setzte Wasserwerfer ein und ritt mit Pferden in die Demonstranten. Rudi Dutschke, der zum unbewaffneten Sturm auf das Landgericht aufgerufen hatte, wurde später als »Rädelsführer« einer ungenehmigten »öffentlichen Zusammenrottung« angeklagt.

Ulrike Meinhof könnte am 24. November 1967 im Audimax der Hamburger Universität gewesen sein, als Rudi Dutschke sich auf Einladung der *Zeit* mit Rudolf Augstein, Ralf Dahrendorf und anderen auf dem Podium stritt. Ein »›gesellschaftliches Ereignis‹ – ohne Aktion« schrieb Dutschke in sein Tagebuch.[144] Folgenlos blieb die Veranstaltung aber nicht, denn Augstein und der *Zeit*-Verleger Gerd Bucerius spendeten Geld für das geplante Anti-Springer-Tribunal. Geld kam seit dem Sommer auch aus Ostberlin, eine Delegation der FDJ hatte es nach dem Tod von Benno Ohnesorg gleich in bar vorbeigebracht. Der SDS war so stark geworden, dass er nicht fürchten musste, seine DDR-kritische Position würde durch solche Spenden unglaubwürdig.

SDS-Delegierte trafen sich gelegentlich mit SEW- beziehungsweise SED-Delegierten. Die Sozialistische Einheitspartei Westberlin (SEW) war der einzige nicht verbotene Ableger der ansonsten in der Bundesrepublik nach wie vor verbotenen KPD. In puncto Vietnamkrieg gab es Übereinstimmungen zwischen dem SDS und den Kommunisten. Am 21. Oktober 1967 demonstrierten zehntausend Menschen gegen den Krieg in Vietnam; es war die bisher größte Demonstration der APO.

Rudi Dutschke wurde immer bekannter, er war der ungewählte Sprecher der APO. Bei Hans-Magnus Enzensberger in Berlin-Friedenau lernte der Komponist Hans Werner Henze im Herbst 1967 die »Rädelsführer« kennen, »wie man angefangen hatte, sie zu nennen«.[145] Einer von ihnen war Rudi Dutschke. »Ich bemerkte zu meiner allergrößten Genugtuung«, schreibt Henze, »dass vonseiten der Jugend [...] Fragen gestellt und vieles in Frage gestellt« wurde, »von den bürgerlichen Auffassungen von Kinderstube und moderner Erziehung bis zur Unfehlbarkeit, zur ethischen Unantastbarkeit der Lehrerschaft in Schulen und Universitäten; von der aus den Nachkriegsjahren stammenden väterlichen Persilscheinpsychologie bis hin zum Rassismus ebendieser denkfaulen, aber geschäftig fleißigen Väter, von der sexuellen Unterdrückung bis hin zum System der parlamentarischen Demokratie.«

Henze gefielen diese jungen Leute, die bei aller Unterschiedlichkeit ein großes Ziel im Auge hatten: »eine repressionsfreie Gesellschaft, in der andere Kriterien galten als die der Leistung, des Erfolgs und der Anhäufung von Gütern. Stattdessen wurden Werte wie sozialer Nutzen, die Freiheit des Andersdenkenden, die ungehinderte Entfaltung der Persönlichkeit propagiert.«[146] Henze mochte Dutschke sehr, »seine Liebe zu den Menschen, seine Neugier auf sie«.[147] Da waren sie endlich, »junge Deutsche, die sich auflehnten gegen ein moralisch erstarrtes System, gegen eine politische Kultur, die ihnen reaktionär, verlogen und abgeschmackt vorkommen musste und die sie dazu drängte, sich für den völligen Umsturz der bestehenden Ordnungs- und Wertsysteme zu interessieren!«[148]

Auch Günter Gaus, Programmdirektor und stellvertretender Intendant des Südwestfunks – eineinhalb Jahre später war er Auftraggeber von Ulrike Meinhof für ihren Film *Bambule* –, wollte diese jungen Linken unbedingt begreifen. Er lud den siebenundzwanzigjährigen Rudi Dutschke in seine Sendung *Zu Protokoll*.[149] Keine Ablenkung, kein Einspielfilmchen, kein Studiopublikum, keine Claqueure, kein designtes Studio – nur ein ernsthaftes, direktes Gespräch zwischen zwei Menschen, die tatsächlich etwas zu sagen hatten.

Rudi holte weit aus, er redete über die Novemberrevolution und darüber, wie wenig seither angesichts der »ungeheuren Entfaltung der Produktivkräfte, der technischen Errungenschaften« die Arbeitszeit für die Lohnabhängigen verkürzt worden sei. »Warum arbeiten Sie nicht in Parteien?«, fragte Gaus. Die, antwortete Dutschke, seien »nur noch Instrumente, um die bestehende Ordnung zu stabilisieren«.

Rudi Dutschke hatte – natürlich – keine fertige Zukunftsgesellschaft in der Tasche, ihm ging es um den Prozess von Bewusstwerdung und Politisierung, so dass die Menschen ihre Interessen selber in die Hand nehmen könnten und nicht mehr von Eliten manipuliert würden. »Ich gehe davon aus, dass der Mensch nicht dazu verurteilt ist, dem blinden Spiel der Zufälle in der Geschichte unterworfen zu bleiben«, sagte

Dutschke. Der Mensch hat die Geschichte »schon immer gemacht. Er hat sie bloß noch nicht bewusst gemacht.«

Dutschke dachte an jederzeit abwählbare Räte und bezog sich auf die Pariser Kommune von 1871 als Vorbild. Er sprach von Gegenaufklärung, von Aktionen, um Öffentlichkeit zu schaffen, und wollte mit der herrschenden Meinung als Meinung der Herrschenden brechen: »Eine Herrschaft der Produzenten über ihre Produkte. Keine Manipulation, ständige Wahl und Abwahl und so weiter.« Im Moment könnten »wir« keine Mehrheiten verändern, meinte er, aber »Minderheiten« haben »geschichtlich die Chance […], Mehrheiten zu werden«.

Als vorrangiges Ziel gab er an, dass die BRD aus der Nato austreten müsse, um nicht in die absehbaren künftigen Kriege hineingezogen zu werden, auch um nicht eines Tages gezwungen zu sein, Befreiungsbewegungen mit Waffengewalt zu bekämpfen. Und die Frage des bewaffneten Kampfs? »Klare Antwort: Wäre ich in Lateinamerika, würde ich mit der Waffe in der Hand kämpfen. Ich bin nicht in Lateinamerika, ich bin in der Bundesrepublik. Wir kämpfen dafür, dass es nie dazu kommt, dass Waffen in die Hand genommen werden müssen. Aber das liegt nicht bei uns. Wir sind nicht an der Macht. […] Wenn 1969 der Nato-Austritt nicht vollzogen wird, wenn wir reinkommen in den Prozess der internationalen Auseinandersetzung, es ist sicher, dass wir dann Waffen benutzen werden, wenn bundesrepublikanische Truppen in Vietnam oder in Bolivien oder anderswo kämpfen, dass wir dann im eigenen Lande auch kämpfen werden.«

Genau das gelte es zu verhindern. Wichtig sei, dass die Menschen das Selbstbewusstsein und den Mut fänden, um zu begreifen: »Wir sind nicht hoffnungslose Idioten der Geschichte, die unfähig sind, ihr eigenes Schicksal in die Hand zu nehmen. Das haben sie uns jahrhundertelang eingeredet. [...] Wir können eine Welt gestalten, wie sie die Welt noch nie gesehen hat, eine Welt, die sich auszeichnet, keinen Krieg mehr zu kennen, keinen Hunger mehr zu haben, und zwar in der ganzen Welt. Das ist unsere geschichtliche Möglichkeit [...] Ich bin kein Berufspolitiker, aber wir sind Menschen, die nicht wollen, dass diese Welt diesen Weg geht, darum werden wir kämpfen und haben wir angefangen zu kämpfen.« Der Grad der Gewalt wird dabei »bestimmt von der anderen Seite, nicht von uns«.

Hermann L. Gremliza, der heutige Herausgeber von *konkret*, erinnert sich: »Es war Rudi Dutschke, der einem Redakteur des *Spiegels* 1967 in einem Kaffeeraum der FU Berlin off the record sagte: ›Wenn wir unsere Gegnerschaft zum Vietnamkrieg ernst nehmen, müssen wir die US-Kasernen in Deutschland angreifen.‹ Frage: ›Mit Waffen?‹ Antwort: ›Na klar.‹ Der Redakteur war übrigens ich.«[150]

Was ist die »Triebfeder Ihres politischen Handelns?«, fragte Gaus. »Dass die Menschen als Brüder wirklich miteinander leben«, antwortete Dutschke. Die entscheidenden Komponenten seien: »Selbsttätigkeit, Selbstorganisation, Entfaltung der Initiative und der

Bewusstheit des Menschen und kein Führerprinzip. […] Wir sind keine leninistische Kaderpartei, wir sind eine ganz dezentralisierte Organisation.« Nein, vor dem Gefängnis habe er keine Angst.

Angst konnte man vor anderen Dingen haben. Zu Weihnachten besuchten ein paar Studenten des SDS und der Evangelischen Studentengemeinde die Mitternachtsmesse in der Gedächtniskirche. Nicht »unbewaffnet«, sondern mit Transparenten. Auf einem stand: »Helft dem Frieden – helft Vietnam«, auf dem anderen sah man das Foto eines gefolterten Vietnamesen, dazu den Bibelspruch: »Was ihr getan habt einem unter diesen meinen geringsten Brüdern, das habt ihr mir getan« (Matthäus 25,40).

Die aufrechten Christen prügelten sie aus der Kirche und zerrissen die Transparente. Rudi war nicht beteiligt, er wusste aber von der Aktion und war mit in der Kirche. Sportlich lief er auf die Kanzel und rief mitten in den Tumult: »Liebe Brüder und Schwestern …« Viel mehr konnte er nicht sagen, dann zerrten sie ihn von der Kanzel und drängten ihn zum Ausgang.

Das war der Moment des Friedrich Wilhelm Wachau. Er drehte seine Krücke um und schlug zu, »mit der Rechten, das ist mein Mensurarm«. Ein Polizist fand anerkennende Worte. Blut lief über Rudis Gesicht, seine Wunde musste im Krankenhaus genäht werden. Die Kirchengemeinde sang weiter fromme Lieder.

Gretchen hatte Angst: »Sie wollen dich umbringen!«

»Nein, so schlimm ist es nicht«, beruhigte Rudi sie.[151]

Friedrich Wilhelm Wachau bekam danach in seiner Stammkneipe noch wochenlang Freibier und konnte auch fortan ungestört erzählen, dass er, der ein »uralter Nazi« war, schon 1929 in die SA eingetreten sei.[152]

12

Vietnamkongress

(Februar 1968)

Es gab unendlich viel zu tun. Immer mehr junge Leute schlossen sich der APO an. Der letzte Kampf gegen die seit 1960 drohenden Notstandsgesetze stand in wenigen Monaten bevor, und noch hofften viele in dieser Frage auf das Bündnis mit der SPD und dem DGB. Innerhalb von vier Wochen hatten über dreißigtausend Studenten und Dozenten Ende 1967 das Hochschulmanifest gegen die Notstandsgesetzgebung unterzeichnet. Der Vietnamkrieg kam in eine neue Phase. Ulrike Meinhof reichte in Hamburg die Scheidung ein. Rudi und Gretchen Dutschke zogen mit dem im Januar geborenen Sohn Hosea Che in eine Einzimmerwohnung am Cosimaplatz.

Im selben Haus wohnte Emma Biermann, die in der Nähe ihres in die DDR ausgewanderten Sohnes, des Sängers Wolf Biermann, leben wollte. Emma Biermann betreute eine Zeitlang auch Ulrike Meinhofs Töchter. 1955 hatte sie in Hamburg »mitten im heißen Sommer Volkszeitungen, Flugblätter, Broschüren, Dokumente aus dem Naziwiderstand« verbrannt, »»es geht wieder los, Korf‹«, hatte sie zu Peter Rühmkorf gesagt, »»passen Sie mal auf. Der Verfassungsschutz war heute Morgen zu Besuch.‹«[153] Im Jahr darauf war die KPD verboten worden.

Die alte Kommunistin hielt überhaupt nichts von antiautoritärer Erziehung. »Manchmal machte sie mich verrückt«, sagte Gretchen Dutschke, »wenn sie mir beibringen wollte, wie ein deutsches Kind erzogen würde.« Wenn Emma Biermann sah, dass Gretchen ihren Säugling aus allen Bändern, Lappen, Schnüren befreite und ihn in einem einfachen Nachthemdchen strampeln ließ, schimpfte sie: »Du kannst dein Kind nicht so lassen. Er wird sterben. […] Säuglinge können sich gar nicht bewegen, sie müssen gewickelt werden.«[154]

Zum Erstaunen der Presse versorgte auch der Revolutionär Dutschke sein Baby. Er ging einkaufen und machte »auch sonst im Haushalt manche Arbeit […], die unsereins für unter seiner Würde hält. Das tut er nicht, weil er sein Gretchen gernhat, sondern aus politischer Überzeugung. Die Ehe ist für ihn ein Vertrag unter zwei gleichberechtigten Partnern. Unter wirklich Gleichberechtigten, meint Dutschke, kann der eine nicht eine Arbeit ablehnen, die er anderen zumutet.«[155] Damit stand Rudi unter den SDS-Männern, die manchmal auch Väter waren, als ziemliche Ausnahme da, obwohl er natürlich so oft unterwegs war, dass Gretchen doch meistens auf der Arbeit sitzenblieb.

In Vietnam begannen die Streitkräfte der südvietnamesischen Befreiungsfront am 31. Januar 1968 die »Tet-Offensive«. Siebzigtausend kärglich ausgerüstete Partisanen drangen in sechsunddreißig von einundvierzig Provinzhauptstädte vor und desavouierten damit die waffenstarrende Weltmacht USA. Die USA rächten sich grausam: Wie eine Feuerwalze rollten Truppen und Luftwaffe über Südvietnam hinweg, dessen Regierung doch eine von Washingtons Gnaden war. Wilhelm Bittorf, *Spiegel*-Autor und Filmemacher, beschreibt das so: »Jetzt aber stürzen sich Schwärme amerikanischer Kampfflugzeuge jaulend auf Südvietnams Städte wie auf Feindesland. Sie bombardieren die von Frauen und Kindern wimmelnden Wohnquartiere ihrer Schützlinge rücksichtsloser als je zuvor den Norden. In verzweifelten Scharen versucht die Bevölkerung ihren Beschützern zu entrinnen. Die Menschen fluten durch die verwüsteten Straßen, vorbei an feuernden Panzern der US-Armee, und schleppen ihre Verwundeten und Toten auf Rikschas und Handwagen mit sich fort.«

Es entstanden »Bilder von dem Krieg, ohne den das Jahr des Aufruhrs, 1968, nicht hätte werden können, was es werden sollte: der schwarze GI, der mit blutüberströmtem Kopf vor einem alten Holzhaus kniet und blind nach seinen Kameraden sucht, ehe er zusammenbricht; das schreiende nackte Mädchen, das sich das brennende Kleid vom Leib gerissen hat; der Mann, der in einer Hand ein wenige Wochen altes Baby hält, dem die Haut in Fetzen herunterhängt. Die Szene, wie der südvietnamesische Polizeichef Nguyen Ngoc Loan mitten in Saigon einem guerillaverdächtigen jungen Mann in Shorts und kariertem Sporthemd aus zehn Zentimeter Entfernung in den Kopf schießt – effektvoll postiert vor einer Fernsehkamera, die das Todeszucken des Getroffenen für die Abendnachrichten von NBC

124

festhält.«[156] Noch sieben weitere Jahre würde der Krieg dauern.

In Westberlin stieg der Absatz an Bauhelmen. Im Fernsehen war zu sehen gewesen, wie in der japanischen Hafenstadt Sasebo, wo der US-Flugzeugträger Enterprise aus dem Golf von Tonking vor Vietnam erwartet wurde, etwa tausend mit Helmen und Stöcken ausgerüstete Zengakuren-Studenten eine Barrikade der Polizei angriffen. Trotz unablässigen Tränengasbeschusses räumten sie die Barrikaden beiseite. Als sie aber anschließend einer nach dem anderen bewusstlos geschlagen wurden, solidarisierte sich die anfänglich reservierte Bevölkerung von Sasebo mit den Studenten und ging nun ihrerseits mit Steinen gegen die Barrikaden vor.

Nach einer Vorbereitungsveranstaltung für ein »Springer-Hearing« in der TU Berlin – das Hearing selbst sollte nie stattfinden –, auf der ein Lehrfilm von Holger Meins über den Bau von Molotowcocktails gezeigt wurde, warfen Unbekannte die Scheiben in mehreren Filialen des Springerkonzerns ein. Unter ihnen war auch der vierundvierzigjährige Komponist Hans Werner Henze, der noch nie Steine geworfen hatte.[157] Viele prominente Schriftsteller schworen damals, den Springerverlag künftig zu boykottieren.

Der siebenundzwanzigjährige Holger Meins hatte an der Deutschen Film- und Fernsehakademie Berlin studiert, aus der er 1966 wegen der Besetzung des Rektorats ausgeschlossen worden war. Er gehörte ab 1970 zur RAF, wurde 1972 festgenommen und verhungerte

1974 im Gefängnis. An seinem Grab sollte Rudi Dutschke, scharfer Kritiker der RAF, sagen: »Holger, der Kampf geht weiter!«

Eines der wichtigsten Ereignisse der APO wurde der Internationale Vietnamkongress vom 17./18. Februar 1968. Es ging nicht mehr wie bisher so oft um eine politische, wissenschaftliche Analyse, sondern um die konkrete Organisierung von Widerstand; der SDS-Bundesvorstand sprach von einer »Einheitsfront« für den »endgültigen Sieg der vietnamesischen Revolution«.[158]

Rudi Dutschke war an verschiedenen Überlegungen beteiligt, in der Bundesrepublik, aber auch in Westeuropa Gruppen aufzubauen, die auch illegale Aktionen unternehmen sollten. Es gab Verbindungen nach Italien und Frankreich, nach Spanien und Nordirland. Im Zentrum aller Erwägungen standen der Vietnamkrieg, den es zu behindern galt, und die Befreiungsbewegungen in aller Welt, die endlich auch praktisch unterstützt werden sollten. Gretchen Dutschkes Kontakte zur US-amerikanischen Bürgerrechts- und Antikriegsbewegung halfen.[159] Der SDS unterstützte in der Bundesrepublik und in Westberlin stationierte US-Soldaten, die desertieren wollten, um nicht nach Vietnam verschifft zu werden. Eine der Aktionsformen bestand darin, abends in kleinen Gruppen in die Bars zu gehen, wo GIs ihren Feierabend verbrachten, und unauffällig kleine Zettel zu hinterlassen. Natürlich war der Aufruf zur Desertion strafbar.

Eines Abends, unmittelbar vor dem Vietnamkongress, klingelte es an der Tür der Dutschkes. Rudi rief:

»Giangiacomo!«, und Feltrinelli rief: »Rudi!« Feltrinelli »schien die Schäbigkeit dieses Ortes [...] nicht wahrzunehmen. Er war wie immer voller sprudelnder Energie und verkündete fröhlich: ›Ich habe etwas, das möchte ich euch zeigen. Kommt mit runter‹«, erinnert sich Gretchen Dutschke. Unten klappte er die Rückbank seines Autos hoch: alles voller Dynamitstangen.

Das Zeug wurde zunächst in der kleinen Wohnung der Dutschkes zwischengelagert. Dann suchte Rudi auf Drängen von Gretchen einen anderen Aufbewahrungsort. Sie legten den Sprengstoff in den Kinderwagen unter den kleinen Hosea Che und transportierten alles in die Wohnung des Anwalts und Liedermachers Franz Josef Degenhardt. Dort diskutierten Rudi Dutschke, Feltrinelli, Gaston Salvatore und Christian Semler darüber, wozu man den Sprengstoff am besten einsetzen könnte. »Feltrinelli schlug Sabotageakte gegen US-Schiffe vor, die von deutschen Häfen aus Waffen nach Vietnam transportierten.«[160]

Kurz nach dem Vietnamkongress wird Rudi Dutschke bei einer Veranstaltung in Amsterdam sagen: Wir müssen uns »gegen die schreckliche Kriegsmaschine wenden. Das heißt gegen die Nato-Basen. Die Nato ist ein Instrument, um die europäische Revolution zu unterdrücken. Wir können nicht die Opposition gegen die Nato als eine passive Beobachtung sehen oder als einen Protest, sondern wir müssen handeln, zum Beispiel mit Angriffen gegen Nato-Schiffe.« Die CIA hörte mit, aufgrund ihres Berichts würde Rudi Dutschke später aus England ausgewiesen werden.[161]

Zehn Jahre nach diesem Treffen schilderte Rudi Dutschke seine Überlegungen: »Es ging darum, wenn der Angriff des Westimperialismus in Vietnam sich weiter steigerte und wir keine andere Möglichkeit mehr sahen, dass bestimmte amerikanische Schiffe, die mit Kriegsmaterial direkt nach Vietnam fuhren – dass wir sie halt auch sprengen werden. Im Hintergrund stand dabei nicht die Ideologie der Roten-Armee-Fraktion, sondern, wie es damals formuliert wurde: Gewalt gegen Sachen, aber nicht Gewalt gegen Personen. Um Aufklärung und Aktion durchzuführen, als symbolischen Akt, ohne dabei im Geringsten Gewalt gegen Menschen anzuwenden. Ob es ein Mythos war, eine Illusion, das sei dahingestellt. Aber davon gingen wir aus.«[162] Schließlich soll der Sprengstoff nach Westdeutschland transportiert worden sein. Ob er je eingesetzt wurde und wofür, ist unbekannt.

Auf dem Vietnamkongress saß Ulrike Meinhof inmitten von fünftausend Menschen in der Technischen Universität Westberlin. Sie lebte erst seit rund zwei Wochen in Westberlin, doch diesmal würde sie hier bleiben und nicht nur zu Besuch sein. Sie war beeindruckt von der Aufbruchstimmung, von den Reden, von der Begeisterung. Mal saß sie neben Giangiacomo Feltrinelli, mal neben Rudi; man lachte, diskutierte, klatschte.

Vor ihr, über der Bühne, hing eines der bekanntesten Transparente der Revolte. Die Künstlerin Elke Regehr hatte es in der letzten Nacht geschaffen. Statt »irgendeines Hintergrundes für die Podiumsdiskussion«,

oben: Ulrike Meinhof als
Studentin in Marburg (1955)
rechts: Rudi Dutschke als
»Studentenfüher« (ca. 1968)

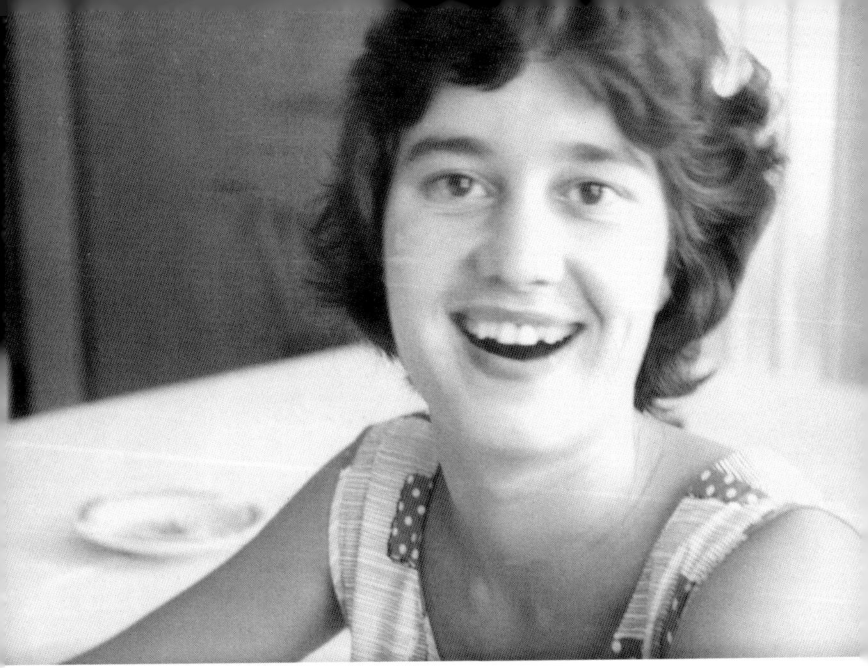

oben: 1959, im Alter von 24 Jahren,
war Ulrike Meinhof Mitglied der illegalen KPD
unten: 1960, mit 26 Jahren als Trauzeugin
bei der Hochzeit von Lilli und Jürgen Holtkamp (Mitte);
links: Klaus Rainer Röhl, den sie 1961 heiratet

11. April 1968: Nach dem Mordanschlag auf Rudi Dutschke

oben: Rudi Dutschke und Gaston Salvatore (li. neben ihm)
durchbrechen bei einer Demonstration für Fritz Teufel eine
Absperrung vor dem Kriminalgericht Berlin-Moabit
(27. Nov. 1967)
unten: Auf dem Internationalen Vietnamkongress
(17. bis 18. Feb. 1968)

oben: Ulrike Meinhof in der konkret-Redaktion (ca. 1966)
unten: Bei den Dreharbeiten zum Film Bambule (Frühjahr 1970)

oben: Im Republikanischen Club nach der versuchten
Besetzung der konkret-Redaktion (Mai 1969)
unten: Fahndungsfoto von 1971

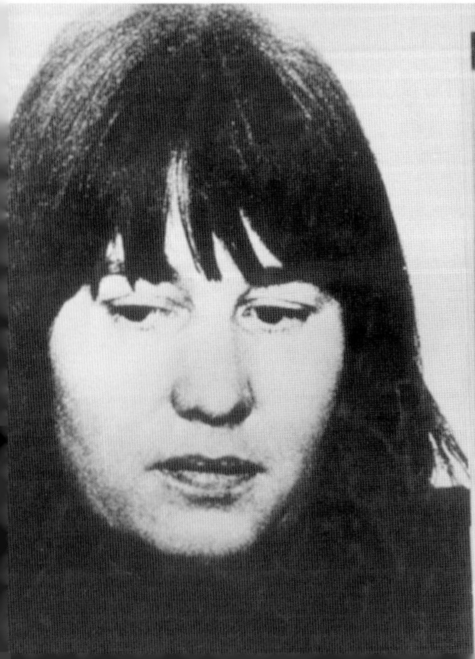

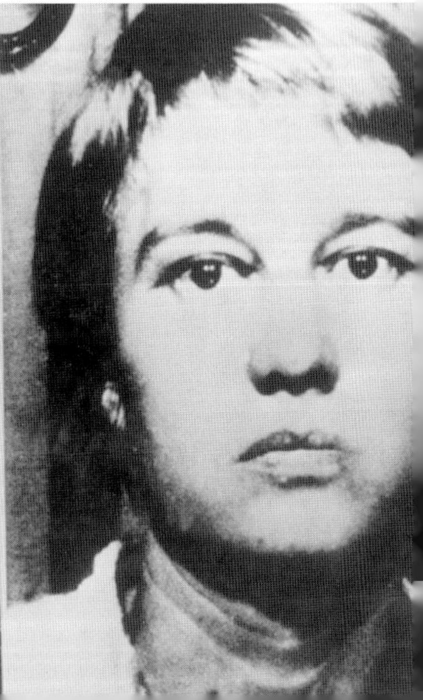

oben: *Rudi Dutschke mit seiner Ehefrau Gretchen*
beim Einwanderungs-Berufungsverfahren in London (1970)
unten: Im September 1979, drei Monate vor seinem Tod

*Als Gefangene in der Justizvollzugsanstalt
Köln-Ossendorf in Isolationshaft; heimlich fotografiert
beim Einzelhofgang (1973)*

wie die Genossen vom SDS es sich vorgestellt hatten, stellte Regehr die rote und gelbe Schrift schräg auf den zwölf Meter breiten und sechs Meter hohen blauen Untergrund, ein Zitat von Che Guevara: »Für den Sieg der vietnamesischen Revolution – Die Pflicht jedes Revolutionärs ist es, die Revolution zu machen.« Daneben malte sie einen großen gelben Stern.[163]

Mitten unter den Teilnehmern saß auch Klaus Steffens, der Verlagsgeschäftsführer der Zeitschrift *konkret*. Anders als Ulrike Meinhof war er 1964 nicht aus der KPD ausgetreten. Steffens verfasste einen vertraulichen Bericht an die KPD-Parteiführung in Ostberlin, in dem er sogar das Transparent kritisierte: »Es drückt sich darin der idealistische, kleinbürgerlich-radikale Charakter der Veranstaltung aus.«[164] Unfreiwillig – auch unfreiwillig komisch – beschrieb er den tiefen kulturellen Graben zwischen der traditionellen kommunistischen Linken und den Antiautoritären und damit auch die politische Entwicklung, die Ulrike Meinhof inzwischen zurückgelegt hatte.

Kurz vor dem Kongress erhielt Meinhof, um deren nach wie vor gute Beziehungen zu einigen DDR-Politikern man wusste, einen »diplomatischen Auftrag« des SDS: Peter Weiss, der am Berliner Ensemble in Ostberlin ein Theaterstück inszenierte, wurde auf dem Vietnamkongress als Redner erwartet. Doch der SDS hatte erfahren, dass die SED versuchte, Weiss' Teilnahme am Kongress zu verhindern, indem man ihn davor warnte, »sich mit Dutschkes Barbaren einzulassen«. Der britische Sozialist Tariq Ali, einer der Kongressredner, berichtete, dass Ulrike Meinhofs Mission Erfolg hatte: Peter Weiss kam zum Kongress. Tariq Ali hatte Ulrike Meinhof erst vor kurzem im Republikanischen Club kennengelernt und war von ihrer Ausstrahlung und ihrer Intelligenz beeindruckt: »Mit unbändiger Freude hatte sie über die jüngsten Siege der FNL in Vietnam gesprochen.«

Ulrike Meinhof war umgeben von Menschen, die sie respektierten und mochten; ihre Entscheidung, nach Westberlin umzuziehen, war die richtige gewesen. Sie war, so schien es, unter ihresgleichen. Die etwas älteren APO-Leute kannten Meinhof seit dem Atomkongress von 1959 oder aus dem SDS der früheren sechziger Jahre, viele jüngere hatten sie auf verschiedenen SDS-Kongressen und Teach-ins der vergangenen zwei Jahre erlebt. Alle kannten sie als eindrucksvolle Publizistin und *konkret*-Kolumnistin.

Auf dem Vietnamkongress gab es Grußworte von vielen großen Befreiungsbewegungen; Gäste und Delegationen aus Vietnam und dem Iran, Äthiopien und Guinea-Bissau, aus Frankreich und Griechenland, aus der Türkei und Großbritannien, Kuba und Italien waren anwesend. Viele prominente Linke sandten solidarische Grüße: Bertrand Russell, Ernst Bloch, Jean-Paul Sartre, Luigi Nono, Erich Fried, Herbert Marcuse, Michelangelo Antonioni, Alberto Moravia, Luchino Visconti, Pier Paolo Pasolini. Theatergruppen schrieben und Universitätsfakultäten, unzählige Vietnamkomitees solidarisierten sich.

Besonders erregt hatte alle die Nachricht, dass die

für den nächsten Tag geplante Demonstration vom SPD-Senat schlichtweg verboten worden war. Zeitweilig war überlegt worden – Rudi Dutschke neigte dem Plan ebenfalls zu –, die Demonstration auch an den Kasernen der US-Army vorbeizuführen. Kontakt zu den US-amerikanischen Soldaten zu suchen hatte eine gewisse Tradition. Nach einer Vietnamdemonstration im vergangenen Jahr hatte Ulrike Meinhof – wie immer um Vermittlung ins linksliberale Bürgertum bemüht – geschrieben: »In Berlin sind am 21. Oktober Flugblattraketen auf das Gelände der amerikanischen Soldaten geschossen worden, in denen die Soldaten aufgefordert werden, sich nicht nach Vietnam schicken zu lassen, stattdessen zu desertieren. Diese Methode der Agitation ist waghalsig, ihr haftet der Geruch der Illegalität an. Es sind Frauen und Kinder, Ernten und Industrien, es sind Menschen, deren Leben dadurch gerettet werden soll. Die den Mut haben, zu solchen Methoden oppositioneller Arbeit zu greifen, haben offenbar den Willen zur Effizienz. Darüber muss nachgedacht werden.«[165] Sie musste darüber nicht mehr nachdenken.

Viele militante ausländische Gruppen wollten auf jeden Fall, dass der Zug der Demonstranten an den Kasernen vorbeiführte. Es gab Informationen, dass sich dann Black Panther, die es auch in der US-Army in Westberlin gab, der SDS-Demonstration gegen den Krieg anschließen wollten. Die Militärpolizei drohte damit, Schusswaffen einzusetzen. Es gab harte Diskussionen im engsten Kreis. Gretchen Dutschke beschrieb, wie Rudi durch intensive Gespräche, unter anderem mit Bischof Kurt Scharf, der helfen wollte, die Demonstration durchzusetzen, dazu gebracht wurde, sich auf eine ungefährlichere Route festzulegen. In diesen Gesprächen bezeichnete Dutschke sich als der »temporäre Führer einer fluktuierenden Gruppe«, der nicht dafür die Hand ins Feuer legen konnte, dass sich alle auch am nächsten Tag noch an das hielten, was er hier zusagte. Aber der SPD-Senat lehnte auch den ausgehandelten Kompromiss ab.

Vor allem Innensenator Kurt Neubauer wollte den Kongress und die Demonstration unbedingt verhindern. Vor der SPD-Fraktion erklärte er, es handele sich um etwa fünfzehntausend Leute. Man müsse den Mut zur »Unpopularität« besitzen und den tausend bewusst politischen Akteuren unter ihnen notfalls »blutige Köpfe« verpassen, um die Mitdemonstranten zu erschrecken und die Demonstration zu zerschlagen.[166]

Der SDS zog vor Gericht und versicherte auf dem Kongress, die Demonstration werde stattfinden – egal ob verboten oder erlaubt.

Eine kämpferische Rede auf dem Kongress folgte auf die nächste. Alle waren sich einig, dass »Solidarität mit dem vietnamesischen Volk« bedeute, »Ho Tschi Minhs Aufforderung an die italienischen Kommunisten ›Errichtet die Revolution in eurem eigenen Land‹ zu übernehmen und an dieser Aufgabe zu arbeiten«.[167]

Mitten im Beitrag von Erich Fried, gegen 19 Uhr 40, unterbrach jemand und verkündete, dass das Demonstrationsverbot vom Berliner Verwaltungsgericht aufgehoben worden war unter der Bedingung, »die amerikanischen Wohnviertel in Dahlem nicht zu berühren«. Der siebenundvierzigjährige Erich Fried sagte: »Das war die schönste Unterbrechung meines Lebens.«

Zwei Referenten, Peter Weiss und der Lyriker, Übersetzer und Essayist Erich Fried, waren aus dem faschistischen Deutschen Reich geflohene Juden. Peter Weiss, einundsechzig Jahre alt, war Schriftsteller, Maler und Kommunist. 1934 war er nach London emigriert, 1938 nach Schweden. In seinem Theaterstück *Die Ermittlung* hatte er sich 1965 mit Auschwitz und den NS-Prozessen in Frankfurt am Main auseinandergesetzt. Ab 1975 sollte sein Hauptwerk *Die Ästhetik des Widerstands* erscheinen. Erich Fried, der 1938 aus Österreich nach London geflohen war, nachdem die Gestapo seinen Vater erschlagen hatte, unterstützte die Linke durch viele Auftritte.

Die Veranstalter hatten auch Ernst Bloch eingeladen. Der Zweiundachtzigjährige marxistische Philosoph hatte kürzlich auf einer Kundgebung gewettert, den »Wallstreet-Krieg« solle der Teufel holen, zwei Millionen Tonnen Bomben auf Vietnam seien für die Rüstungsindustrie ein ausgezeichnetes Geschäft. Als der SDS ihn zum Vietnamkongress einlud, erwiderte er: Lasst doch die Leute von der Frankfurter Schule mal reden, die haben ohnehin »ein politisches Defizit«.[168] Karola Bloch, seine Ehefrau, sagte: »Wir wissen, wie viele in der BRD bösartig denken würden: immer wieder die Juden.«[169]

Es referierten nur zwei Frauen auf dem Kongress,

Ulrike Meinhof war nicht darunter, warum, ist unbekannt.

Die erste Rede hielt Giangiacomo Feltrinelli. Für die CIA, die vor wenigen Monaten an Che Guevaras Ermordung beteiligt gewesen war, war Feltrinelli der »wichtigste Agent des Castrismus in Europa«.[170]

Das Hauptreferat am Abend hielt Rudi Dutschke: »Die geschichtlichen Bedingungen für den internationalen Emanzipationskampf«.[171] Dutschke plädierte darin für praktisch-solidarischen Internationalismus in Gestalt einer »Anti-Nato-Kampagne«, in der die Unterstützung der Befreiungskämpfe zusammengefasst werden sollte. Schon 1956, als der sechzehnjährige Rudi noch ein unpolitischer, sportbegeisterter Schüler in Luckenwalde/DDR gewesen war, hatte Ulrike Meinhof sich mit ihrer Schwester über den westdeutschen Beitritt in die Nato aufgeregt. Jetzt griff Dutschke die bundesdeutsche Militärhilfe für Rhodesien an und den Export von Kampfflugzeugen für Portugal nach Afrika. Man müsse dafür sorgen, dass kein Kriegsmaterial aus Europa nach Afrika, Asien oder Vietnam gelangen könne.

Am nächsten Tag zogen etwa fünfzehntausend Demonstranten durch Berlin, lachend, strahlend, kämpferisch. Sie trugen überdimensionale Fotografien von Ho Tschi Minh, von Rosa Luxemburg, von Che Guevara und Karl Liebknecht. Die Demonstranten hakten sich ein, riefen rennend: »Ho! Ho! Ho Tschi Minh!« – »Sieg für die FNL!« – »Wir sind eine kleine radikale Minderheit!«

Die Fotos vom Kongress und von der Demonstration wurden in alle Welt verbreitet, sie strahlten Solidarität und Selbstbewusstsein aus und stimulierten nicht nur die französische Linke vor ihrem Mai 1968. »Es war die bisher größte Demonstration in Berlin«, sagte Ulrike Meinhof begeistert. »So aufregend! Vermutlich mehr als fünfzehntausend Menschen, und ein Drittel davon aus dem Ausland!« Das Land erschien auf einmal weniger finster.

Kongress und Demonstration waren die letzten gemeinsamen Aktionen der APO.

13

Konterrevolte in Westberlin, Frühling in Prag

(Februar und März 1968)

Der Vietnamkongress wurde sehr ernst genommen. Von der APO, die überzeugt war, einen großen Schritt vorangekommen zu sein. Aber auch von der DDR, die unvermutet große Konkurrenz auf der Linken heranwachsen sah.

In mehreren vertraulichen Begegnungen zwischen SDSlern und Vertretern der DDR vor dem Kongress hatte die SED vergeblich versucht, auf den Zeitpunkt (verschieben) und die inhaltliche Ausrichtung des Kongresses (pro Sowjetunion) Einfluss zu nehmen. Sie befürchtete, dass »unter dem Vorwand der Solidarität mit dem vietnamesischen Volk und der nach außen deklarierten Einheitsfront aller antiimperialistischen Kräfte« doch an einer unabhängigen sozialistischen Strategie gearbeitet wurde, die sich schließlich gegen die Interessen der Sowjetunion richten könnte.[172]

Ulrike Meinhof, die anfangs bei Freunden untergekommen war, hatte mittlerweile eine große Wohnung in Dahlem gefunden und wusste ihre Töchter bis zum Umzug von Holde Bischoff, der Lebensgefährtin von

Renate Riemeck, gut versorgt. Sie schrieb Kolumnen für *konkret* und verfasste Manuskripte für Rundfunkanstalten. Immer wieder verteidigte sie die Studenten, die sich von falschen Autoritäten nicht mehr mundtot machen ließen.[173] In dieser Zeit erschien auch ihr grundlegender Text über Emanzipation und Frauenfrage.[174]

Noch gab es keinen »Weiberrat« im SDS. In der Bundesrepublik herrschte (bis 1976) ein Familienrecht, das es Ehemännern erlaubte, ihren Ehefrauen den Arbeitsvertrag zu kündigen und ihnen eine Ausbildung oder ein Studium schlichtweg zu verbieten. Ehemänner entschieden auch allein, wo der Wohnort der Familie zu sein hatte.

Ulrike Meinhof bezog sich in ihrem Beitrag »Falsches Bewusstsein« auf Clara Zetkin, Simone de Beauvoir und Betty Friedan, auf Ernst Bloch, Georg Lukács, Herbert Marcuse und Alexander Mitscherlich. Sie beschrieb den Kampf der Frauen um Wahlrecht und Bildung und erläuterte, dass das Wahlrecht erst dann gewährt worden war, »als mit dem Stimmzettel keine gesellschaftliche Veränderung mehr zu bewirken war«, und dass die Zulassung von Frauen zum Studium an den Universitäten erst dann durchgesetzt wurde, als »irrationale Weltanschauung« das »Bildungsziel« wurde an Stelle von »kritischem Bewusstsein«. Meinhof beschrieb, wie die Emanzipationsbestrebungen bürgerlicher Frauen befriedet wurden und sich schließlich gegen die »Emanzipation der Arbeiterschaft« richteten. Die Forderung nach umfassender Emanzipation des Menschen sei zur Forderung nach »Gleichberechtigung« verkommen, wobei »die gesellschaftlichen Voraussetzungen der Ungleichheit zwischen den Menschen« nicht mehr in Frage gestellt, sondern stabilisiert würden.

Zur selben Zeit, Anfang 1968, erschien in *konkret* auch Meinhofs Analyse des Falls Jürgen Bartsch[175] – »ein großes Stück deutsche Literatur, das so schnell nicht in deutsche Lesebücher kommen wird«, wie der Verleger Klaus Wagenbach meinte.[176] Bartsch war ein geprügeltes, von Heim zu Heim gezerrtes Kind gewesen, gedemütigt von Eltern, Erziehern und staatlichen Stellen, in deren Köpfen brodelte, was Meinhof als den »Nazisud von Abstammungslehre« bezeichnete. Der Junge musste seine Homosexualität qualvoll unterdrücken und wurde öfter gebrochen, als ein Mensch es aushalten kann. Jürgen Bartsch wurde schließlich zum Mörder und tötete vier Jungen auf grauenvolle Weise. Niemand interessierte sich für die Geschichte des Angeklagten – Meinhof zufolge die Geschichte eines »von Hunderttausenden von Kindern, Adoptivkindern, Heimkindern, homosexuellen Kindern, geprügelten Kindern, ausgebeuteten Kindern« –, nicht einmal sein Anwalt. 1968 wurde Bartsch zu lebenslänglichem Zuchthaus verurteilt. Im April 1976 würde er sich kastrieren lassen und an den Folgen des Eingriffs sterben.

Das SDS-Zentrum, der Republikanische Club und die großen Wohnungen einiger Freunde waren die Orte, an denen sich Ulrike Meinhof, Rudi Dutschke und die Genossen trafen, Vorträgen zuhörten und Berichten, wo sie diskutierten, stritten, rauchten, tranken, feierten. Hier wurden die nächsten Aktionen vorbereitet, hier wurden Erfahrungen ausgetauscht.

Giangiacomo Feltrinelli hatte Geld für den Vietnamkongress gegeben. Von dem, was nicht aufgebraucht worden war, gründeten Rudi Dutschke, Ulrike Meinhof und andere das »Internationale Nachrichten- und Forschungsinstitut« (INFI), das die Beziehungen zwischen den Linken weltweit fördern und Informationen aus der und für die »Dritte Welt« beschaffen und verbreiten sollte. Das INFI sollte, unabhängig von Strömungskämpfen, die im SDS längst begonnen hatten, den Internationalismus in Theorie und Praxis fördern, es sollte auch Rudi Dutschke, der für ein oder zwei Jahre in die USA und nach Lateinamerika strebte, ein Medium schaffen. Gretchen Dutschke berichtete: »Da wir Deutschland auf jeden Fall bald verlassen wollten, stellte Rudi sich vor, seine politische Tätigkeit als Mitglied des INFI in den USA und Südamerika fortzusetzen.«[177]

Die Gegner der Linken nahmen überaus ernst, dass es dem SDS gelungen war, einen solchen Kongress auf die Beine zu stellen, über den in vielen Ländern der Welt berichtet wurde. Und der eine oder andere Politiker und Polizeifunktionär wird sich maßlos über das Gerichtsurteil zugunsten der Vietnamdemonstration geärgert haben und darüber, dass es der APO gelungen war, diese bisher größte linke Demonstration durchzusetzen.

Weder der Tod von Benno Ohnesorg noch das Grauen des Kriegs in Vietnam hatte den Hass eines großen Teils der Bevölkerung auf die APO gemindert. Springerpresse und Parteien schürten das Feuer weiter und mobilisierten für eine Kundgebung am 21. Februar 1968. Die *Bild*-Zeitung titelte Anfang Februar: »Stoppt den Terror der Jungroten jetzt!« Und fügte hinzu: »Man darf auch nicht die ganze Drecksarbeit der Polizei und ihren Wasserwerfern überlassen.«[178]

Veranstalter dieser Kundgebung, die den hübschen Titel »Für Freiheit und Frieden« trug, war der Senat von Westberlin. Unterstützt wurde sie vom Abgeordnetenhaus, von den im Parlament vertretenen Parteien, dem Westberliner DGB und dem Ring politischer Jugend. Der Deutsche Beamtenbund mobilisierte ebenso wie der Interessenverband Westberliner Grundstücks- und Geschäftseigentümer (Ostgeschädigte) e.V. Arbeiter und Angestellte im Öffentlichen Dienst bekamen dienstfrei. Die Berliner Verkehrsgesellschaft richtete Sonderlinien ein. Im Radio wurde unaufhörlich zur Teilnahme an der Kundgebung aufgerufen. Schließlich versammelten sich fünfzig- bis achtzigtausend APO-Gegner vor dem Schöneberger Rathaus.

Der Regierende Bürgermeister von Berlin, Klaus Schütz (SPD), schimpfte: »Extremisten – politische Rowdys – Unappetitlichkeiten des vergangenen Wochenendes – Revoluzzer im Miniformat – Randerscheinungen«. Der SPD-Landesvorsitzende Kurt Mattick bereicherte das Vokabular mit: »Außenseiter – Sonntagsmarschierer, die den Sieg der Kommunisten wollen«. Der CDU-Landesvorsitzende Franz Amrehn sprach von »einer Schar anarchistischer Weltverbesserer – Extremisten – Straßenterror«. Und auch der DGB-Vorsitzende Walter Sickert (SPD) war um Gezeter nicht verlegen: »eine Handvoll Halbstarker – politische Wirrköpfe – Randalierer«.[179]

Ungehindert konnten die Teilnehmer der Kundgebung Transparente und Plakate zeigen, auf denen beispielsweise stand: »Teufel zur Hölle, Dutschke über die Mauer«, »Wir fordern harten Kurs gegen den SDS«, »Dutschke – Volksfeind Nr. 1« und »Politische Feinde ins KZ«.[180]

Keiner der feinen Würdenträger auf dem Podium, die doch vorgaben, »Sitte und Anstand« zu verteidigen, ging gegen eines dieser Transparente vor. Der Mob durfte sich austoben. Im Aufruf zu dieser Kundgebung für »Freiheit« und »Frieden« stand: »Was die Berliner denken und wollen, werden sie [...] vor der Welt kundtun. Wir wissen, wer unsere Freunde sind. Wir lassen uns von ihnen nicht trennen. Wir wissen auch, wo unsere Gegner stehen.« Was »die Berliner« am 21. Februar kundtaten, war eine gnadenlose Pogromstimmung gegen alles, was irgendwie links aussah.

Hans-Magnus Enzensberger schrieb einmal: »Bundeskanzler und Polizeiminister haben offen damit gedroht, die Bevölkerung, zu der in Westdeutschland und Westberlin Studenten, Schüler und Lehrlinge bereits nicht mehr gerechnet werden, zu einem bürgerkriegsähnlichen Vorgehen gegen diese Opposition aufzufordern. Unter Bevölkerung versteht die Bundesregierung offenbar [...] ein Volk von Hilfspolizisten, das jederzeit bereit ist, zum Knüppel und notfalls auch zur Pistole zu greifen.«[181]

Unter den Augen der Kundgebungsredner wurden am 21. Februar etwa vierzig Menschen verprügelt, nur weil man sie für Linke hielt. Einer von ihnen war Lutz Dieter Mende. Der siebenundzwanzigjährige Verwaltungsangestellte hatte dienstfrei und war zur Demonstration gekommen. Irgendwer verwechselte ihn mit Rudi Dutschke und brüllte: »Schlagt ihn tot! Hängt ihn auf!« Die Meute schlug mit einer Flasche auf Mende ein und trat ihn mit Schuhen. Er konnte sich losmachen, lief einem Polizisten in die Arme und stammelte: »Um Gottes willen, schützen Sie mich, die wollen mich totschlagen!«

Der Polizist sagte später aus: »Hinter uns kamen an die tausend Leute, die uns beide noch vierzig Meter verfolgten. Dann hatten sie uns eingeholt. Die Leute johlten und riefen ›Schlagt den Dutschke tot.‹« Beide wurden zu Boden geworfen. »Die Menge war außer sich. Wir haben uns die letzten Meter bis zum Wagen irgendwie hingeschleppt. Ich konnte gerade noch die Tür aufreißen und den jungen Mann hineinstoßen. Die Leute versuchten noch, den Polizeibus umzustürzen, und riefen dabei ›Dutschke raus! Dutschke raus!‹«.[182]

Gretchen Dutschke sagte: »Die versammelte Prominenz auf den Stufen des Rathauses sah zu und schwieg. Sie schwieg bis heute darüber, dass sie selbst die Gewalt heraufbeschworen hatte, und faselte in all den Jahren über den ›geistigen Nährboden des Terrorismus‹ in der Studentenbewegung.«[183]

Rudi Dutschke kam in dieser Nacht aus Amsterdam nach Westberlin zurück, er war überhaupt viel unterwegs in diesen Tagen. Wenn er in Westberlin war, war er vorsichtiger als bisher. Sechsmal innerhalb von zwei Monaten wechselte er mit Gretchen und dem Baby den Wohnort. Aber seine Gegner hatten Mittel und Wege, sich über seinen Aufenthaltsort zu informieren, zum Beispiel durch Taxifahrer. Einmal war Dutschke mit Freunden in einem Pkw unterwegs, als Taxifahrer auf ihn aufmerksam wurden und versuchten, ihn einzukesseln. Horst Kurnitzky, der am Steuer saß, »erkannte die Gefahr, legte den Rückwärtsgang ein und fuhr mit Vollgas davon«. Über Taxifunk vernahmen sie die Enttäuschung ihrer Jäger: »Der Dutschke ist uns entkommen!«

Für Ende März erhielt Rudi Dutschke eine Einladung zur Christlichen Friedenskonferenz nach Prag. Gretchen packte nur zu gern Hosea Che ein und reiste mit. So gerieten sie in den »Prager Frühling«, die Ära unter dem im Januar gewählten Ersten Sekretär der Kommunistischen Partei der Tschechoslowakei, Alexander Dubček. Er hatte eine Reihe von Reformen durchgeführt, darunter mehr Autonomie für Gewerkschaften und größere Pressefreiheit. Die Dutschkes erlebten mit, wie der neue Parlamentspräsident Ludvik Svoboda gewählt wurde und wie die Prager auf den Straßen ein Freudenfest feierten, nachdem Alexander Dubček die Nachricht von Svobodas Wahl verkündet hatte.

»Die Straßen wurden zu Tanzflächen umfunktio-

niert«, erinnerte sich Gretchen Dutschke. »Der Jubel
hörte nicht auf. Nie zuvor hatte ich so viele Menschen
gesehen, die so lange und so unbändig gefeiert haben.
Man konnte nicht anders, als mitgerissen zu werden.«[184]

Dann erfuhren sie, dass US-Präsident Johnson nicht
wieder kandidieren wollte; angeblich wollte er Frie-
densgespräche mit Nordvietnam führen. Niemand
konnte ahnen, dass ein gewisser Richard Nixon und
dessen Sicherheitsberater und späterer Außenminister
Henry Kissinger diese Gespräche erfolgreich torpedie-
ren und dass der Krieg und das Sterben in Vietnam
noch bis 1975 andauern würden.

Rudi Dutschke, der auf der Friedenskonferenz
mehrfach zu Wort kam, fand in den Debatten viele An-
knüpfungspunkte für seine Vorstellungen eines demokratischen Sozialismus. Im Philosophischen Seminar
der Universität Prag hörten ihm tausend Studenten zu,
als er – unter anderem – über die sozialistische Demokratisierung redete, die er sich als tschechoslowakische
Alternative erhoffte. Als ein Student am Rand eines
Gesprächs meinte, er fürchte eine sowjetische Okkupation, konnte Dutschke sich das nicht vorstellen.

Die heiteren Prager Frühlingstage trübte kurz vor
ihrer Abreise die Nachricht, dass in den USA Martin
Luther King ermordet worden war.

Zu Hause tobten im SDS politische Differenzen,
Vorwehen eines Zerfallsprozesses, der schon vor Monaten begonnen hatte. Maoistische, marxistisch-leni-
nistische und antiautoritäre Strömungen verschiedener

Schattierungen prallten aufeinander. Sie hatten unterschiedliche Auffassungen von der Art ihrer Organisierung, von der Frage, wer das revolutionäre Subjekt war und wie sie zur Arbeiterklasse standen, und nicht zuletzt teilweise große Differenzen in ihrer Einstellung gegenüber den Staaten, die gemeinhin als sozialistische galten. Das Leben in Westberlin war den Dutschkes auch deshalb manchmal zu anstrengend.

Am Tag vor dem Mordanschlag besuchte Bernd Rabehl Rudi Dutschke. Rudi traute dem früheren Freund aufgrund einer Vielzahl von Differenzen nicht mehr und bewies damit auch auf lange Sicht eine gute Nase. Viele Jahre später haben Horst Mahler und Bernd Rabehl versucht, die 68er-Revolte umzudeuten, um ihre eigene rechtsextreme Entwicklung nachträglich zu legitimieren. Sie behaupteten, die Revolte sei eigentliche eine »nationalrevolutionäre« gewesen und dass der Vietnamkongress »die Aufgabe hatte, ›Keimformen einer europäischen Befreiungsfront zu legen, um die Großmächte und ihre Kollaborateure aus Zentraleuropa zu drängen‹«.[185]

Aber Johannes Agnoli, der zwischen Peter Weiss und Erich Fried auf dem Podium des Internationalen Vietnamkongresses gesessen und eine der Reden gehalten hatte, spottete: »Von einem nationalrevolutionären Aufbruch hatten wir nichts gewusst. Kein Wunder, zwei Juden und ein Italiener dachten an alles Mögliche, nur nicht an die deutsche Nation.« Auch bei der großen Vietnamdemonstration habe es »keinen einzigen nationalrevolutionären« Beitrag gegeben.

Der Politikwissenschaftler Agnoli, damals vierundvierzig Jahre alt, lehrte an der FU, ab 1972 als Professor; er war häufiger Gast im Republikanischen Club, Freund und Diskussionspartner von Ulrike Meinhof und Rudi Dutschke. Sein gemeinsam mit Peter Brückner verfasstes Standardwerk *Die Transformation der Demokratie* datiert von 1967 und beeinflusst die linke Debatte bis heute. »Die Nation?«, fragte Agnoli spöttisch, »im Republikanischen Club eine unbekannte Größe.«[186]

Jetzt, im April 1968, sprach man im SDS nicht mehr offen miteinander. Es gab viel Streit, und Dutschke war froh, dass es das Internationale Nachrichten- und Forschungsinstitut (INFI) gab. So waren sie unabhängig von den Strömungskämpfen im SDS.[187] An dem Institut war Rudi sehr gelegen, mit ihm hatte er noch viel vor.

Nach dem Besuch von Bernd Rabehl am Tag vor dem Attentat schrieb Rudi Dutschke in sein Tagebuch: »Warum der Bernd gekommen ist, verstehe ich nicht recht. Er war aber im Gespräch recht freundlich, der ganze Krach im SDS scheint aber vergessen zu sein. Er weiß von meiner Absicht, nach Amerika zu reisen, müsste aber desgleichen von meiner Paris-Einladung für den 1. Mai wissen. Aber Informationen werden seit Wochen im SDS schier ›fraktionell‹ gehandhabt. Wir haben die Info-Sache nicht umsonst mit Geldern ermöglicht, die vom Vietnamkongress übrig blieben. Und wie ›sauer‹ und erneut misstrauisch war der Tilman F[ichter] in jener Sitzung vor einigen Wochen im SDS ... [...] Hoffentlich kann unser INFI sich halten.«[188]

Doch der 1. Mai in Paris würde ohne Rudi Dutschke stattfinden müssen, und auch die geplante Reise in die USA fiel den drei Schüssen von Josef Bachmann zum Opfer. Dabei war die erste Station der Reise schon klar gewesen, der Kontakt seit der Vortragsreihe vom Juli 1967 nie mehr abgerissen: »Lieber Herr Dutschke, ich habe eben im *Spiegel* gelesen, was Sie in dem Bad-Boll-Gespräch gesagt haben. Mögen Sie die Anti-Götter segnen! Herrlich, einer, der denken kann und handeln, der sich nicht fangen lässt – auch nicht von der alten Linken. Aber er glaubt noch an die Masse der Lohnarbeiter … Ich möchte Ihren Beitrag zum Gespräch […] hier für die Studenten übersetzen lassen. Und wann versuchen Sie, hierherzukommen? Herzlichst Ihr Herbert Marcuse. 11. März 1968, La Jolla, Cal.«[189]

14

Die gesprengten Fesseln von Sitte und Anstand

(Mai bis August 1968)

Am 11. April war auf Rudi geschossen worden. Er hatte den Mordanschlag überlebt und versuchte mühsam, ins Leben zurückzukehren.

Ulrike Meinhof schrieb über das Attentat und über die »Osterunruhen« und zitierte Dale A. Smith, den Vertreter der Black-Power-Bewegung. Der hatte auf dem Internationalen Vietnamkongress gesagt: »Wir, die wir wahrlich nichts zu verlieren haben, sind in ein hübsches Spiel sozialen Protests verwickelt und versuchen moralischen Einfluss auf Menschen auszuüben, die kein moralisches Bewusstsein haben. Dies zwingt uns, ein neues Spiel zu beginnen, so wie es die in den Vereinigten Staaten lebenden Afrikaner realisiert haben, das heißt, Widerstand zu leisten. [...] Protestieren heißt spielen. [...] Wir haben zugelassen, dass die Formen unseres Protests von anderen bestimmt werden. [...] Widerstand leisten heißt leben, wirklich und zum ersten Mal zu leben. Das heißt: Ich werde nicht nur nicht dulden, was sie tun, ich werde sie hindern zu tun, was sie wollen. [...] Man protestiert nicht gegen den Mord –

man ermächtigt sich des Mörders und behandelt ihn so, wie er es verdient.«[190]

Ulrike Meinhof machte daraus: »›Protest ist, wenn ich sage, das und das passt mir nicht. Widerstand ist, wenn ich dafür sorge, dass das, was mir nicht passt, nicht länger geschieht. Protest ist, wenn ich sage, ich mache nicht mehr mit. Widerstand ist, wenn ich dafür sorge, dass alle anderen auch nicht mehr mitmachen.‹ So ähnlich – nicht wörtlich – konnte man es von einem Schwarzen der Black-Power-Bewegung auf der Vietnamkonferenz im Februar in Berlin hören.«[191]

Sorge, Verzweiflung, Wut – alles färbte ihren Kommentar nach dem Mordanschlag auf Rudi Dutschke und den Springerblockaden. Die Blockaden, schrieb sie, waren – man hört geradezu das Wörtchen »noch« heraus – »kein Aufstand«, sondern »Widerstand«. »Gewalt, physische Gewalt wurde angewendet. Die Auslieferung der Springerpresse konnte trotzdem nicht verhindert werden.« Die kaputten Scheiben und Auslieferungsfahrzeuge werde die Versicherung bezahlen. »Der Wasserwerferbestand der Polizei wurde nicht verkleinert, an Gummiknüppeln wird es auch in Zukunft nicht fehlen […], die Springerpresse wird weiter hetzen«, der Regierende Bürgermeister Schütz werde die Gegner der APO weiter auffordern, »diesen Typen ins Gesicht zu sehen«, um hineinzuschlagen – »was am 21. Februar bereits geschehen ist –, schließlich zu schießen«.

Meinhof schrieb weiter: »Die Grenze zwischen Protest und Widerstand wurde überschritten, dennoch nicht effektiv [...] Machtverhältnisse sind nicht verändert worden [...] Machtpositionen wurden nicht besetzt. War das alles deshalb sinnlose, ausufernde, terroristische, unpolitische, ohnmächtige Gewalt?« Das Engagement der Herrschenden für Gewaltlosigkeit sei »heuchlerisch«, sagte sie und knüpfte gedanklich an Herbert Marcuses Äußerungen vom Juli 1967 an. Der hatte ausgeführt, dass einerseits die Brutalisierung des Widerstands zu verhindern sei, dass aber bedingungslose Gewaltlosigkeit schiere Unterwerfung unter die herrschenden Interessen bedeuten könne und es »im Interesse der Humanität liegen kann, zur Gewalt überzugehen«.[192]

»Nun, nachdem gezeigt worden ist, dass andere Mittel als nur Demonstrationen, Springer-Hearing, Protestveranstaltungen zur Verfügung stehen, andere als die, die versagt haben, weil sie den Anschlag auf Rudi Dutschke nicht verhindern konnten«, fuhr Meinhof fort, »nun, da die Fesseln von Sitte und Anstand gesprengt worden sind, kann und muss neu und von vorne über Gewalt und Gegengewalt diskutiert werden.«

In der Diskussion mit Marcuse hatte Dutschke im Juli 1967 gesagt: »Wir sind nicht mehr die dreißig, vierzig Spinner, die einen Traum von einer ach so fernen Welt haben, sondern es gibt tatsächlich hier an der Universität ein antiautoritäres Lager von vier- bis fünftausend Studenten.«[193] Und es waren nicht nur Studenten, die rebellierten, wie Ulrike Meinhof unter anderem aus ihrer Arbeit mit »Heim- und Fürsorgezöglingen« wusste. Sie recherchierte über Mädchen in Westberliner Heimen, und weil sie fähig war, sich in die Lebenswelt der Mädchen hineinzudenken, verstand sie es, das Vertrauen einiger Mädchen zu gewinnen. Um die Situation in den Heimen zu verändern, um den Mädchen zu helfen, sich gegen Prügelstrafe, Karzer, Ausbildungssperre und Ausbeutung zu wehren, plante sie neben einigen Rundfunkarbeiten zu diesem Thema ihren ersten großen Fernsehfilm, *Bambule*.

Wenn es richtig war, was die Theoretiker der Neuen Linken sagten, dann war auf die Arbeiterklasse als revolutionäres Subjekt, als Träger einer gesellschaftlichen Umwälzung, wie Meinhof es in und mit der KPD noch vertreten hatte, kein Verlass mehr. Träger künftiger revolutionärer Veränderungen waren viele andere Gruppen: die linken Studenten, die nicht integrierten Jungarbeiter, das Subproletariat, die Drop-outs, die Herausgeworfenen.

Der Anschlag auf Rudi Dutschke war ein tiefer Einschnitt in Ulrike Meinhofs Leben. Erst seit zwei Monaten lebte sie in Westberlin, noch getragen von der Aufbruchstimmung des Vietnamkongresses. Würde er wieder gesund, würde sie »mit ihrem liebsten und besten Freund« wieder reden können?

Der Alltag stellte handfeste Anforderungen. Der Kindergarten, den sie im Mai für ihre Töchter fand, gefiel ihr nicht, weil er die Kinder nach den verhassten autoritären Regeln drangsalierte: gerade sitzen, aufessen, nicht toben. Rasch suchte sie eine Alternative und beschloss, die Kinder im September frühzeitig einzuschulen. Trotzdem bereute sie es keine Sekunde,

Hamburg verlassen zu haben. »Ich hätte diesen Schluss-strich aus persönlichen wie aus politischen Gründen schon viel früher ziehen sollen«, sagte sie mehr als einmal. Sie erzählte ihren Kindern davon, was mit Rudi Dutschke geschehen war. Der Freund war ein häufiges Gesprächsthema.

Ulrike Meinhofs Großeltern mütterlicherseits, Johannes und Martha Guthardt, waren Sozialdemokraten gewesen und wurden von den Nazis politisch verfolgt. Vor mehr als vierzig Jahren war Ulrike Meinhofs Mutter Ingeborg Guthardt in Osterburg (Altmark) zur Freude der Eltern Guthardt lachend und mit einer roten Fahne in der Hand der Maidemonstration vorneweg gelaufen. Jetzt strahlte ihre Tochter Ulrike, weil »die sozialistische Maikundgebung« im Jahr 1968 in Berlin fünfunddreißigtausend und die anschließende Demonstration fünfundzwanzigtausend Teilnehmer hatte.

Mit ihrer publizistischen Arbeit verdiente Ulrike Meinhof genug Geld, um sich eine Haushaltshilfe zu leisten und später, an ihrer Stelle, eine Putzfrau und einen Babysitter. Aber trotzdem hielten die beiden Fünf-jährigen sie auf Trab. Ulrike Meinhof arbeitete meistens zu Hause. Die Kinder hingen an ihr und reizten die Grenzen ihrer überarbeiteten Mutter aus. Meinhof versuchte darauf, wie Zeitzeugen berichten, mit übermäßiger Geduld zu reagieren und überforderte sich oft selbst. Sie versuchte der jungen finnischen Haushaltshilfe die Spielregeln antiautoritärer Erziehung beizubringen – mit dem Erfolg, dass die junge Frau einiges missverstand und sich Freizeit nahm, wann es ihr gefiel.

Frauenemanzipation und die Lage arbeitender, alleinerziehender Frauen blieben Meinhofs Thema. Enzensberger wollte ein *Kursbuch* über Frauen herausgeben, und Meinhof sollte »einen großen Text« schreiben. Sie interessierte sich für die Arbeit des »Aktionskomitees zur Vorbereitung der Befreiung der Frauen«. Für ein erstes Treffen zwischen Ulrike Meinhof und dem Aktionskomitee lud Enzensberger ein – und er vermasselte es. Ulrike Meinhof kritisierte: »Er tut so, als sei er lieb und bescheiden, und ist doch so unglaublich autoritär.« Er habe zwischen ihr und den Frauen dort, die deutlich jünger waren als sie mit ihren dreiunddreißig Jahren, ein unverschämtes Prestigegefälle geschaffen, hatte sie gleichsam als »Ausnahmefrau« präsentiert, was sie verabscheute.[194]

Von einigen jüngeren linken Frauen wurde Ulrike Meinhof bewundert als die, die ihnen voraus war: Sie hatte sich aus einer miesen Ehe gelöst. Sie erzog ihre Kinder allein. Sie war eine erfolgreiche freiberufliche Publizistin und darüber hinaus noch politisch aktiv. Viele dieser jungen Frauen lasen seit Jahren Ulrike Meinhofs Texte und hörten ihre Rundfunksendungen, in denen sie wie ein Seismograph noch unbeschriebene gesellschaftliche Verhältnisse aufspürte, darunter eben auch die Lage von Frauen. Diese Bewunderung machte es Meinhof schwer, Gleiche unter Gleichen zu sein.

Im September 1966 hatte Rudi Dutschke aus den USA, wohin Gretchen und er geflogen waren, weil

Gretchens Mutter gestorben war, die Autobiographie von Malcolm X, einem der bekanntesten Aktivisten der Black-Power-Bewegung, mitgebracht.[195] Malcolm X, 1925 geboren, 1965 ermordet, verteidigte das Recht, mit allen nötigen Mitteln (»by any means necessary«) gegen rassistische Diskriminierung zu kämpfen, auch in bewaffneter Selbstverteidigung. Rudi Dutschke schrieb 1966: »[...] bringe das Buch von Malcolm X mit, lese im Flugzeug viel darin. Alle Worte sind nicht erfassbar, auch nicht für die weiße Amerikanerin« – er meinte Gretchen. »Oder gerade deswegen?«

Eineinhalb Jahre später las Ulrike Meinhof dasselbe Buch. Sie fand, dass der Black-Power-Tribun ziemlich reaktionär über Frauen redete, und verstand nicht, warum linke Frauen sich mit der Black-Power-Bewegung verglichen. Wie konnte eine Bewegung, die Frauen genauso diskriminierte, wie es ihre Gegner taten, ein Vorbild sein? Aber Meinhof differenzierte auch und stimmte dort zu, wo Malcolm X sagte, dass man keinen Grund habe, die Lage anderer zu verbessern, wenn die eigene Lage beschissen war. »Wobei wir inzwischen gelernt haben«, sagte Meinhof, »dass die individuellen Probleme tatsächlich gesellschaftliche sind.«[196]

Der Komponist Hans Werner Henze lud den schwerverletzten Rudi Dutschke für ein paar Monate auf sein Landgut »La Leprara« ein. Überbringer der Einladung war Rudis Freund, der chilenische Sozialist Gaston Salvatore. Das Gut lag in Marino, einem Dorf südlich von Rom. Die Einladung erreichte »Herrn Klein«, wie Rudi Dutschkes Tarnname lautete, im Sanatorium

Münchenbuchsee im Schweizer Kanton Bern; hierher war er aus Deutschland geflohen. Rudi war allmählich ungeduldig geworden und »neugierig darauf, Freunde und Genossen zu treffen und mit ihnen zu diskutieren«, wie Thomas Ehleiter erzählte, womit er sich gleichzeitig aber überforderte.

Mit Gretchen, Hosea und Thomas Ehleiter reiste Rudi im Juli 1968 nach Italien. Ehleiter war der Psychologe, der ihm seit dem Attentat half, wieder sprechen zu lernen. Er und Dutschke hatten sich vor etwa fünf Jahren in der Küche des Harnack-Hauses in Westberlin kennengelernt, als sie sich in diesem amerikanischen Offizierskasino Geld mit Tellerwaschen und Kartoffelschälen verdienten.

Gretchen Dutschke beschrieb die Zeit in Italien so: Das Anwesen von Hans Werner Henze »verschwimmt in meiner Erinnerung zu einer unfassbaren Phantasie von Reichtum und Eleganz [...] Am Anfang lebten wir in La Leprara wie Neureiche und ließen uns von Henzes Personal verwöhnen. In dieser merkwürdigen ätherischen Weltabgeschiedenheit war es schwer, an die Kämpfe in den Städten zu glauben. Aber nach einer Weile begann sich das traumhafte Leben zu trüben. Viele von Rudis Freunden erfuhren von unserem Aufenthaltsort und meldeten sich. Die Kontakte, die Informationen und das Gefühl, sich von der Peripherie wegzubewegen, waren wichtig für Rudi. Aber es wuchs damit auch die Gefahr, dass die Presse uns entdeckte.«[197]

Mitte August 1968 flog Ulrike Meinhof mit Bernward Vesper nach Rom. Beider Väter hatten geholfen, die »deutsche Kultur« von »jüdisch-bolschewistischen Einflüssen« zu »säubern«. Die Mitglieder der Großfamilie Meinhof waren glühende Nazis gewesen, nicht nur Mitläufer, sondern Vorkämpfer. Ulrike Meinhofs Vater Werner war ein ehrgeiziger NS-Kunsthistoriker und Direktor des Jenaer Stadtmuseums: Er hatte zum Beispiel einen großen Teil des graphischen Werks von Ernst Ludwig Kirchner an die Kampagne »Entartete Kunst« ausgeliefert.

Bernward Vesper war der Sohn des völkischen Dichters Will Vesper, der ein Scharfmacher für die »nationale Selbstreinigung« der Literatur war und Hauptredner bei der Bücherverbrennung in Leipzig im Mai 1933.[198] Anfang der sechziger Jahre hatte Bernward Vesper die Werke seines Vaters neu aufgelegt; jetzt war er Verleger der »Voltaire-Flugschriften« und damit auch von Rudi-Dutschke-Texten. Vespers frühere Verlobte Gudrun Ensslin liebte jetzt Andreas Baader. Die beiden saßen zur Zeit in Untersuchungshaft, weil sie als Fanal gegen den Krieg in Vietnam im April 1968 in zwei Frankfurter Kaufhäusern Feuer gelegt hatten.

Ensslin und Baader wurden zu drei Jahren Haft verurteilt. Als 1969 ihre Revision abgelehnt wurde und absehbar war, dass sie auch nicht unter die politische Amnestie für Demonstrationsdelikte fallen würden, weil CDU und SPD die Grenze für die Amnestie ziemlich willkürlich auf acht Monate festlegten, tauchten sie unter. Nach dem Ende der APO, Anfang 1970, befanden sich siebentausendeinhunderteinundachtzig Verfahren gegen Demonstranten »in den verschiedenen Stadien polizeilicher, staatsanwaltschaftlicher und gerichtlicher Vorbereitung«.[199] Da gehörte das Paar, das nach wie vor von der Polizei gesucht wurde, bereits zu dem Kreis um Horst Mahler und Ulrike Meinhof, die den Weg in den Untergrund und den Aufbau einer Stadtguerilla beschlossen.

Jetzt, am 18. August 1968, fuhr Ulrike mit Vesper von Rom aus, wo sie sich in einem Hotel einquartiert hatten, nach Marino. Hans Werner Henze war zur Zeit in den USA. Auch Gretchen war auf Verwandtenbesuch in Chicago. Aus der heißen römischen Ebene fuhren sie über schmale Straßen durch alte Dörfer in die kühleren Albaner Berger, wo, dreißig Kilometer südlich von Rom, die Ortschaft Marino lag. Hinter einer hohen roten Mauer lebte Sophia Loren. Gegenüber lag die Villa von Hans Werner Henze in einem großen Garten, umgeben von Olivenhainen und Weinbergen. An so einem luxuriösen Ort hatte Rudi Dutschke noch nie gewohnt – ausgenommen Feltrinellis Schloss. Er genoss die Annehmlichkeiten, aber sie waren ihm gleichzeitig auch ziemlich gleichgültig. Wichtig war ihm die Ruhe und Ungestörtheit für die Arbeit mit Ehleiter, für seine Lektüre und für die Verfassung des einzigen Textes, an dem er schrieb.

In sein Tagebuch, jedenfalls soweit es veröffentlicht ist, notierte Rudi Dutschke über Ulrikes Besuch nur magere Worte: »Ulrike wollte schon Interview, war mit Vesper gekommen.«

Es war ein frustrierender Besuch. Ulrike Meinhof

und Rudi Dutschke fanden kaum Ruhe für ein Gespräch. Rudi war angespannt. Nach dem Attentat waren Widersprüche im SDS aufgebrochen und Zerfallsprozesse beschleunigt worden. Ständig riefen Genossen an, die sich übereinander beschwerten, oder Journalisten, die Dutschke nervten. Er war überanstrengt und deprimiert: »Die fiesen Interviews der SDS-Führung über mich schmerzen. [Unleserlich] sagt: Lass die machen, was sie wollen, deren politisches Ende ist abzusehen.« Und er fuhr fort: »Mein Grübeln könnte schwerlich nun geringer werden.«[200]

Auf der Rückfahrt von Marino nach Rom war Ulrike deprimiert. Nicht weil Rudi ihr kein Interview gegeben hatte. Er arbeitete in Marino hochkonzentriert am Vorwort zu *Briefe an Rudi D.*[201] und erlaubte ihr, einen Auszug aus seinem neuen Text in *konkret* zu veröffentlichen. Das Buch enthielt die Briefe, die Rudi nach dem Attentat aus dem ganzen Land erhalten hatte: Morddrohungen, Solidaritätsbekundungen, Schmähungen, Freundlichkeiten. Der Auszug aus dem Vorwort erschien unter der Ankündigung »Rudi Dutschke ›Erste Veröffentlichung nach dem Attentat‹« im Septemberheft von *konkret*.[202] Aber das war für Ulrike das Unwichtigste.

Zurück in Rom, wo sie ihr Hotel hatten, lief sie mit Bernward Vesper durch die Stadt. Sie kifften. »Beim ersten Zug war sie high«, schrieb Bernward Vesper in seinem Roman *Die Reise*.[203] »Das Zimmer war blau.« Ulrike sagte: »Ich will nicht, dass du mich ins Bett quatschen musst.« »Später weinte sie«, schrieb Vesper.

»Über dem Loch in ihrem Schädel spannt sich nur eine ganz dünne Haut, sagte Klaus Rainer Röhl. Die wenigsten wissen, dass sich über ihre Seele eine ganz dünne Haut spannt. In Rom, an der Fontana di Trevi, blieben wir stehn. ›Jetzt wirfst du mir vor, dass wir für *konkret* Geld aus der DRR angenommen haben?‹ ›Nein‹, sagte ich, aber die Straßen, die Kulissen der Hinterhöfe und Durchgänge saugten mich schon weg. Ganz in der Ferne, auf jenem Platz, der aussieht wie eine Riesenvotze, in der der Obelisk eines Penis steht, blieb sie zurück. Und später im Hotel: ›Wie *kann* ich noch mit dir schlafen!‹«[204]

In Ulrike Meinhofs Erinnerungen und Erzählungen spielte Vesper keine Rolle, nie erwähnte sie ihn. Das Wichtigste an der Reise nach Rom blieb Rudi Dutschke. Die Stadt Rom fand sie wunderschön, aber auch die spielte nur eine Nebenrolle. Rudi ging es dreckig. Was sonst, nur vier Monate nach den Schüssen?

»Es wird Jahre dauern«, sagte sie, »Jahre, bis er wieder gesund ist. Ist es ein Wunder, dass sie ausgerechnet auf ihn geschossen haben? Den mir liebsten unter meinen politischen Freunden.« Sie hätte heulen können, als sie ihn so sah im großen Garten von La Leprara. Weinen zugleich vor Freude, weil er, obwohl tödlich verletzt, doch wieder arbeitete und diskutierte. Mit großer Disziplin brachte Rudi in den nächsten Tagen seinen Text zum Abschluss. Er setzte sich darin auch mit »seinem« Attentäter auseinander. Nicht Josef Bachmann war Objekt seines Zorns, sondern das »System der Lüge« und die »Maschinerie Springers«. Im Vorwort zu den *Briefen an Rudi D.* schrieb Rudi Dutschke: »Der junge lohnabhängige Arbeiter Bachmann ist nicht im Wesentlichen schuld an dem Attentat. [...] täglich wurde er von Springer- und NPD-Zeitungen, falschen Rundfunk- und Fernsehberichten bestimmt. Er hat das wirkliche Wesen dieser Gesellschaft als Erster ausgeführt. [...] Nun schmeißen sie ihn für viele Jahre ins Gefängnis, so wie Kurras dürfen sie ihn wohl nicht behandeln. Aber gerade der junge Bachmann, ein Mensch mit riesigen Möglichkeiten, kann sich erst nach der Zerschlagung dieser unmenschlichen Ordnung zum wirklichen Menschen entwickeln.«[205]

Dann machte Dutschke seine bisher schärfsten öffentlichen Ausführungen zum Grad der Militanz des Widerstands: »Spontaneität« reiche nicht aus, habe nie ausgereicht. »Die *direkten Aktionen* gegen das Springermonopol waren unzureichend, ihre Schwäche zeigte sich schon nach den ersten Stunden. Die phantastische richtige Richtung der Auseinandersetzung, die völlig unerwartete, *tief menschliche* Wut gegen diese Maschinerie, konnte vom ›Staat der Ruhe und Ordnung‹ schnell wieder übernommen werden. [...] Zwar konnten wir einige Lastwagen in die Luft jagen, dennoch lief die Maschinerie des Springerapparats, die Maschinerie der Lüge und Bedrohung weiter. [...] Leider war wieder einmal nichts da zur rechten Zeit, keine Gruppen für die Zerschlagung der Maschinerie, keine [...]; Molotowcocktails kamen zu spät [...].« Eine »lächerliche Gewaltdiskussion« war gefolgt. »Die Phrase der Gewaltlosigkeit ist immer die Integration der Auseinandersetzung. [...] Unsere Alternative zu der *herrschende Gewalt* ist die sich steigernde *Gegengewalt*. Oder sollen wir uns weiter ununterbrochen kaputtmachen lassen? Nein, die Unterdrückten in den unterentwickelt gehaltenen Ländern Asiens, Lateinamerikas und Afrikas haben bereits mit ihrem Kampf begonnen.«[206]

Um Revolutionär zu werden, bedurfte es, so Dutschke, des Weges raus aus der Universität, rein in die Institutionen, aber mit dem Ziel, »sie aufzubrechen«. Immer wieder hinausgeworfen, müssten die »Permanenzrevolutionäre [...] immer wieder eindringen: Das ist der lange Marsch durch die Institutionen.« Mit dem, was später unter dem »langen Marsch« verstanden wurde, hatte das wenig zu tun.

Er glaubte an eine – im »antiautoritären Sinne« – »revolutionäre Globalstrategie«, einen internationalen permanenten Kampf »für den neuen Menschen des 21. Jahrhunderts (Guevara)«.[207]

In diesem wütenden Text, seinem ersten seit dem Attentat, zog er aber auch eine Grenze: »Wir kämpfen in den Metropolen nicht gegen einzelne Charaktermasken dadurch, dass wir sie erschießen; es wäre meiner Meinung nach konterrevolutionär. Das System wird sicherlich so etwas mal wünschen, um uns härter, für Jahre, vollständig niederschlagen zu können. Dass allerdings die revolutionären Kräfte der Metropolen die einzigartige Chance der Erschießung des persischen ›Herrschers‹, als er uns [...] besuchte, nicht ausnutzten, ist ein Zeichen für die *Niveau-Losigkeit* unseres bisherigen Kampfes.«[208]

Die Arbeit an diesem Text war ihm sehr schwer gefallen. »Bahman [Nirumand] und Gaston [Salvatore] hatten ziemlich kontrollieren und helfen müssen«, wie Dutschke in seinem Tagebuch notierte.[209]

Schließlich fand die Presse ihr Versteck in Marino doch. Ein Bekannter, meinte Gretchen, »hatte für viel Geld geplaudert«.[210] Rudi Dutschke schrieb: »Pressegeier hatten uns aufgespürt. Beim Boccia-Spiel hörten wir plötzlich in der Nähe der durchschaubaren Zäune Lärm und Klicken – wir rannten los und die auch. Mein Freund [Thomas Ehleiter] riet mir allerdings, haltzumachen – es hätte sich ja auch um politische Wahnsinnige handeln können.«[211] Im nächsten *stern* stand dann der Artikel »Rudi Dutschke spielt Krocket«, und im Text war die Rede von einem »Tagesablauf wie im gutbürgerlichen Urlaub«.

Unvermeidlich stand nun auch die italienische Presse vor der Tür. Als Rudi sich weigerte, irgendwem ein Interview zu geben, drohten die Medien mit mehr Druck. »Eine Woche später erschienen Hunderte von Journalisten, sie klingelten unaufhörlich an der Tür, und das Telefon stand nicht mehr still.«[212]

Ulrike Meinhof war aus Rom zurück in Westberlin, als in der Nacht auf den 21. August 1968 Truppen des Warschauer Pakts aus der Sowjetunion, Polen und Ungarn die Tschechoslowakei überfielen. Die DDR unterstützte den Überfall, indem sie ihre Truppen an der Grenze aufmarschieren ließ. Es galt, sagte die Sowjetunion, »die sozialistische Staatsordnung« gegen »konterrevolutionäre Kräfte« zu schützen. Niemandem sei es gestattet, »auch nur ein Glied aus der sozialistischen Gemeinschaft herauszubrechen«. Alexander Dubček, der einen »Sozialismus mit menschlichem Antlitz« hatte einführen wollen, wurde wie andere führende Politiker verhaftet und musste in Moskau abschwören und seine Reformen zurücknehmen. Zehntausende Prager wehrten sich gegen die Okkupation, manche griffen, waffenlos, sogar Panzer an. Dreißig Menschen starben, Hunderte wurden verletzt.

15

Zerfallsprozesse

(September 1968)

Die Okkupation der Tschechoslowakei spaltete die Linke in Europa. Die meisten westeuropäischen kommunistischen Parteien kritisierten den Überfall scharf, aber die im September 1968 neu gegründete Deutsche Kommunistische Partei (DKP) rechtfertigte ihn.

Rudi Dutschke erfuhr von den Ereignissen durch einen Anruf: »Christian [Semler] rief aus Berlin an, berichtete von der Sauerei der Russen – die ČSSR ist okkupiert worden. In Prag habe ich solch einen ›Weg‹ für unmöglich gehalten, die tschechoslowakischen Studenten waren da viel ›realistischer‹. Als ich bei Christian fragte, ob ich nach Berlin kommen sollte, war seine Antwort: ›Bleibt ruhig.‹ Gut gesagt, aber für den Kopf unmöglich. Mal sehen, was der SDS nun von sich geben wird. In Berlin hatten die auf meinen Prag-Bericht Ende März unbetroffen reagiert.«[213]

Er war wütend und besorgt, er telefonierte, was das Zeug hielt: »Die Telefonrechnungen von dem so freundlichen Hans Werner Henze werden hoffentlich nicht übermäßiger werden. Bin unruhig, was soll werden mit den Tschechoslowaken? Werden die wie die

Ungarn reagieren? [Gemeint ist der ungarische Aufstand von 1956.] Wäre großer Wahnsinn. Was wird die KPI [Kommunistische Partei Italiens] sagen? In der Vietnam-Sache waren wir uns einig, jetzt kann der SDS nicht mehr mit der SED zusammenarbeiten ...«[214]

Jetzt kann der SDS nicht mehr mit der SED zusammenarbeiten ... Über die neue DKP sagte Rudi Dutschke, sie habe keine andere Funktion, als das antiautoritäre Lager »zu demoralisieren und die Bewegung schließlich zu integrieren – in DKP, SPD usw. [...] Wir sind schon zu gefährlich für das System geworden, darum durfte und sollte die DKP endlich erscheinen.«[215] Und: »Der Spätkapitalismus und der autoritäre Staatskapitalismus (Stalinismus), der nur kommunistische Elemente in sich hat, arbeiten zusammen gegen den revolutionären Kommunismus.«[216] Die Diskussion über Rätestrukturen und Basisdemokratie einerseits und Zentralisierung und Kaderstruktur andererseits war nicht mehr unter einem Dach, nicht mehr innerhalb des SDS zu führen. Auch das zerriss die Organisation.

Dass sich seit dem Herbst des vergangenen Jahres die Beziehungen zwischen der antiautoritären Linken und der kommunistischen Linken beziehungsweise zwischen dem SDS und der SEW verbessert hatten, war dem gemeinsamen Kampf gegen den Vietnamkrieg geschuldet gewesen. Die SED beobachtete Rudi Dutschke damals genau.

Im November 1967 berichtete die Westabteilung des ZK der SED dem Politbüro, wie Dutschke sich entwickelte. Er habe in jüngster Zeit, anlässlich des Jahrestags der Russischen Oktoberrevolution und auf der SDS-Delegiertenkonferenz am 18. November 1967, »eine gewisse Korrektur seiner [...] Anschauungen« vorgenommen, ja sogar »offen Selbstkritik an vielen seiner bisherigen Postulate« geübt. Er habe sogar eingeräumt, dass sein Referat – damit konnte nur das Organisationsreferat auf der SDS-Konferenz im September 1967 gemeint sein – »vielfach falsch« gewesen sei. Die Arbeiterklasse habe sich keineswegs aufgelöst, sondern habe durchaus »revolutionäre Potenzen«. Dass er das Bündnis mit der Arbeiterklasse vernachlässigt habe, sei »ein bedeutender Fehler« gewesen. Die Westabteilung meinte im November 1967 bei Dutschke eine »Annäherung an die Leninsche Revolutionstheorie« feststellen zu können. Es sei auch falsch gewesen, habe Dutschke gesagt, »die Parteifrage völlig beiseitezuschieben«, denn um die »komme man nicht mehr herum«.

Der Informant berichtete: »Er ist für unbedingte Zusammenarbeit mit der SED-Westberlin [SEW], weil sie gegen den Senat ist«, und wolle die »gemeinsame Aufarbeitung der gemeinsamen Geschichte bei strikter organisatorischer Trennung«.[217]

Heinz Geggel, Leiter der Westabteilung des ZK der SED, berichtete Albert Norden, Mitglied des Politbüros, im Januar 1967: »Es hat den Anschein, als beginne Dutschke, einige seiner extremsten Ansichten zu korrigieren. Wir werden die weitere Entwicklung verfolgen.«[218] Die Annäherung, falls es sie je gegeben hat, war

166

jetzt mit dem Überfall auf die Tschechoslowakei vorbei.

In der Beurteilung der Situation stimmten Rudi Dutschke und Ulrike Meinhof offensichtlich völlig überein. Meinhof schrieb am Tag des Militärüberfalls auf die ČSSR ein Flugblatt: »Die Betroffenheit ist total. Bis zu den Studentenunruhen der letzten zwei Jahre war die europäische Linke pro-sowjetisch. Sie war es nicht kritiklos, nicht ohne Vorbehalte, aber doch eindeutig genug, um sich jederzeit von bürgerlicher Kritik an der Sowjetunion absetzen zu können.«[219] Und Ulrikes alter Freund Erich Kuby ergänzte: »Am 21. August hat die europäische Linke ihre Solidarität, ihre Sympathie, ihre Dankbarkeit gegenüber der Sowjetunion als dem ersten sozialistischen Land, als dem Staat, der in Stalingrad den deutschen Faschismus besiegt hat, aufgegeben.«[220]

Es hatte schon seit vielen Jahren Kritik der sozialistischen Linken an der Sowjetunion gegeben, je nach Anlass mal härter, mal weniger. Oft ging es um die Unterstützung oder Nichtunterstützung von Befreiungsbewegungen. Die Okkupation der Tschechoslowakei aber war ein irreparabler Einschnitt im Verhältnis der sozialistischen und antiautoritären Linken zur Sowjetunion. Und exakt das drückte Meinhofs Kommentar als einer der ersten aus.

Ab September 1968 gingen Ulrike Meinhofs Kinder in die Schule, in das private Luisenstift, wo die Kinder nicht nach der vierten Klasse auseinandergerissen wurden und das eine Reihe von ausgezeichneten fortschrittlichen Lehrern hatte. Ulrike Meinhof gefiel auch der Park, aber es störte sie, dass viele der Schüler aus gutbetuchten bürgerlichen Familien stammten.

Die Schule war etwas weiter entfernt, so dass Meinhof die Kinder zur Schule bringen und wieder abholen musste. Der Tag war zerhackt in kleine Zeiteinheiten, die ihr das Leben als Autorin schwer machten. Nach wie vor hatte sie Ärger mit dem Hausmädchen und konnte sich nicht durchsetzen, weil sie nicht »tyrannisch« sein wollte. Das bedeutete, dass sie schreiben musste, während die Kinder um sie herumtobten. »Ich will doch«, sagte sie, »dass meine Kinder eine schöne Kindheit haben.«

Oft kam Ulrike Meinhof erst nachts, wenn alles ruhig war, zum Schreiben. So blieb nicht viel Schlaf. Einmal seufzte sie, ob denn nicht irgendwer dem Hausmädchen mal erzählen könne, »eine wie berühmte und bewundernswerte Frau ich bin«, nicht weil Ulrike Meinhof sich so sah, sondern damit das Mädchen endlich lernte, ihre Arbeit zu respektieren. Auch der dröhnende Bau der riesigen Schnellstraße raubte Schlaf, Nerven und Konzentration. Obendrein gab es im SDS fortwährend Streit. Sie war bald maßlos erschöpft.

Umzug, Scheidung, Vietnamkongress, Attentat, Überfall auf die Tschechoslowakei, Vietnamkrieg, Erschöpfung – der Republikanische Club, wo sie so oft mit Rudi Dutschke geredet hatte, war nach wie vor ein Lichtblick in ihrem Alltag. Etwa vier Wochen nach ihrer Rückkehr aus Rom und den Prager Ereignissen ging Ulrike Meinhof dorthin, weil Erich Fried las. Johannes

Agnoli war unter den vielen Zuhörern, Hans-Magnus Enzensberger sowie Horst Mahler. Der Abend gab ihr Auftrieb; sie war willkommen, und viele lobten sie für ihre neue Kolumne »Der Papst – die Pille«.[221] »Ich hatte mich fast schon gefühlt wie eine, die mit nichts fertig wird, die nur noch in trüber Stimmung ist«, sagte sie.

Manchmal machte sie die Stadt nervös. Vor allem, wenn sie von Reisen zurückkam, schien es ihr, als werde nirgendwo so viel gemeckert wie hier, als wären die Leute anderswo nicht so muffelig, als zeige man einander in keiner anderen Stadt so schnell den Vogel. Es werde viel zu wenig gelacht, und wegen Nichtigkeiten werde man angeschnauzt oder herumkommandiert, meinte sie.

Die APO hatte Auswirkungen, von denen sie nichts ahnte. So lassen sich in den Akten der DDR etwa Berichte über den Einfluss der Neuen Linken auf die Programme von Buchverlagen finden. Zum Beispiel teilte ein ungenannter Mitarbeiter im Suhrkamp Verlag seiner Partei in Ostberlin mit, dass ein gewisser »Verlag 1« mit einem Startkapital von 1 Million D-Mark, einem eigenen Gebäude und zwölf gutbezahlten, fest angestellten Mitarbeitern auf den Markt dränge. Dieser Verlag plane unter anderem, die Reihe »Voltaire Flugschriften« zu übernehmen,[222] in welcher zentrale Texte der außerparlamentarischen Revolte erschienen, darunter waren Autoren wie Ulrike Meinhof, Rudi Dutschke, Peter Weiss und Hans-Magnus Enzensberger.

Dann gab es da noch »Verlag 2«, den Suhrkamp Verlag, eines der, wie der Berichterstatter nach Ostberlin meldete, »finanziell wie geistig gesichertsten Unternehmen in der BRD«. Der plane mit einem Mal Gesamtausgaben von Marx/Engels, Lenin und Hegel und viele Werke europäischer marxistischer Gegenwartsautoren, allerdings sollte auf deutsche Marxisten dabei verzichtet werden, so laute eine »Anweisung« an das Lektorat. Darüber hinaus sollten neue Zeitschriften erscheinen und, nicht zuletzt, eine aktuelle Taschenbuchreihe mit Autoren aus der »Gruppe um Habermas, Negt u. a.«.

Der Informant sah folgende Gefahr: »Verlag 1 wie 2 werden in den nächsten Jahren sich intensiv mit dem marxistischen Gedankengut auseinandersetzen, ohne eine Linie im Sinne des ML [Marxismus-Leninismus] einzunehmen oder sich gar zu engagieren. […] Die beträchtlichen Mittel, die hier eingesetzt werden, treffen auf ein immer stärker werdendes kritisches Lesebedürfnis der jungen Generation. Schon jetzt lässt sich der Markt für kritische ›linke‹ Literatur absehen.«

Neben den finanziellen gebe es politisch-ideologische Interessen: »Das Interesse wird systematisch auf den ›Dritten Weg‹ gelenkt«, auf den »Trotzkismus« und auf die »kritisch-reflektierende bürgerliche Gesellschaftswissenschaft«, mit der Absicht, den Marxismus-Leninismus zu überwinden. Der Informant bat seine Partei dringend, die ideologische Bedrohung nicht zu unterschätzen. Die »entschiedene Antwort« könne nur in der Gründung eines ausdrücklich marxistisch-leninistischen Verlags bestehen, es sei »keine Zeit mehr zu verlieren«, wenn man nicht »auf lange Zeit hinaus alle Chancen [verspielen] wolle, entscheidend vermittels des Mediums Buch auf die Jugend einzuwirken«.[223]

Der Informant berichtete auch von zwei Besuchern im Suhrkamp Verlag. Der erste war ein Freund des Verlegers: Hermann Josef Abs, der Bankier der Nazis und Aufsichtsratsmitglied im Kriegsverbrecherkonzern IG-Farben. Der zweite war ein Legationsrat des Auswärtigen Amts (AA) mit dem falschen Namen »Smetana«. Der war gekommen, um sich über ein Buch zu beschweren: »Der Herr Außenminister hätte sich sehr aufgeregt.« Es handelte sich um *Vietnamesische Lehrjahre. Bericht eines Arztes aus Vietnam 1961–1967.*[224] Hinter dem Autorenpseudonym Georg W. Alsheimer verbarg sich der westdeutsche Arzt und Psychiater Erich Wulff.[225] Wulff schilderte seine Erlebnisse in den Jahren 1961 bis 1967, als ihm seine guten Kontakte zu Vietnamesen verschiedener Strömungen, zu Westdeutschen, Franzosen und US-Amerikanern einen einzigartigen Einblick in das politische und gesellschaftliche Geschehen während des Vietnamkrieges erlaubten.

Der bundesdeutsche Außenminister, der sich so erregte, war Willy Brandt (SPD). Der Informant aus dem Suhrkamp Verlag meldete sogleich den Erfolg der Intervention des Auswärtigen Amts nach Ostberlin: »Für das Buch darf nicht mehr geworben werden.«[226]

Diese Vorgänge zeigen: Während sich die APO politisch im Niedergang befand, wurde sie für viele kommerziell interessant. Das Interesse des aufgeklärten Teils des Bildungsbürgertums beispielsweise schuf eine

Chance für Buchverlage. Für ein paar Jahre gab es sehr viele linke, auch marxistische und revolutionäre Bücher in den Verlagsprogrammen bürgerlicher Buchverlage. Diese Bücher informierten, gewollt oder ungewollt, die nachfolgenden Strömungen der »neuen« Linken.

16

Schlachtengetümmel

(November 1968)

Die Ohnmachtsgefühle unter den Linken verschärften sich. Zehntausende fuhren am 11. Mai 1968, vor der zweiten Lesung der Notstandsgesetze im Bundestag, zum Sternmarsch nach Bonn. Der neue SDS-Bundesvorsitzende K. D. Wolff sagte dort: »Die radikal demokratische Opposition sieht sich heute dem zynischen Versuch gegenüber, brutale Gewalt der herrschenden Klasse formal in der Verfassung zu verankern. Wieder einmal will eine deutsche Regierung ›Schutzhaft‹ verordnen. Wie in Griechenland ist in Mitgliedsstaaten des angeblich freiheitlichen Verteidigungsbündnisses der Nato nun auch in Deutschland Zwangsarbeit wieder möglich. [...] Wer nicht pariert, wird vom Werkschutz, Bundesgrenzschutz und Bundeswehr eingeschüchtert oder schließlich zusammengeschossen. Der Innensenator von Westberlin, Neubauer, hat bekanntlich gemeint, auf ein paar Tote komme es nicht an. [...] Die Bürgerkriegsplaner haben selbst das Grundgesetz zum alten Eisen geworfen; jetzt wollen sie uns zur Verfassungstreue ermahnen. Aber die Notstandsstrategen haben die Rechnung ohne uns alle gemacht. Wir werden nicht in aller Ruhe zusehen, wie ein

Parlament zum zweiten Mal in der deutschen Geschichte sich selbst vollends überflüssig macht und uns die neue Diktatur beschert.«[227]

Im vage definierten Notfall sollte ein Notparlament zusammentreten. Die Bundeswehr könnte zur »Bekämpfung militärisch bewaffneter Aufständischer« eingesetzt werden, also gegen die Bevölkerung. Auch die Grundrechte jedes Einzelnen würden eingeschränkt. Es gäbe kein Post- und Fernmeldegeheimnis mehr, dafür Zwangsarbeit und innere Militarisierung.

Ziel der Notstandsgegner war, dass es vor der dritten Lesung einen Generalstreik geben sollte, und an vielen Universitäten kam es auch zu Universitätsbesetzungen. Aber alle Hoffnungen auf den DGB, der jahrelang behauptet hatte, gegen die Grundgesetzänderung kämpfen zu wollen, wurden enttäuscht. Die Gewerkschaftsspitze blieb den Regierungsinteressen ihrer Partei, der SPD, treu. So beschloss die große Koalition aus CDU und SPD am 30. Mai 1968 die Änderung des Grundgesetzes.

Ulrike Meinhof hatte ihren ersten *konkret*-Artikel gegen die Notstandsgesetze 1960 geschrieben, kurz nachdem die ersten Pläne für eine Notverfassung bekanntgeworden waren.[228] Acht Jahre lang hatte der Protest gedauert. Für die Generation der etwas älteren Linken war das eine weitere große Niederlage, und sie hatten schon so viele hinter sich: den Kampf gegen die alten Nazis, die Wiederaufrüstung und den Aufbau der Bundeswehr (1951–1955), den Beitritt zur Nato (1955), das Verbot der FDJ (1951) und der KPD (1956) sowie zahlreicher anderer Organisationen, das Scheitern der Antiatomwaffenkampagne (1959), den Rauswurf des SDS aus der SPD (1961) und einiges mehr.

Auch für die jüngeren Linken war es ein Desaster, auch die Liste ihrer Niederlagen wurde immer länger. Nach dem Tod von Benno Ohnesorg, den Hetzjagden nicht nur in Westberlin, dem fortwährenden Krieg in Vietnam, dem Attentat auf Rudi Dutschke hatten sie nicht einmal die Auslieferung der *Bild*-Zeitung verhindert. »Das Gefühl, [...] Freiwild der bürgerlichen Gesellschaft zu sein«, wuchs.[229] Die Bereitschaft, sich zu wehren, auch.

Die APO war ja mit einer Flut von Strafverfahren überzogen worden. 1970 waren es mehr als siebentausend Verfahren in Westberlin und in der Bundesrepublik. Einige Verfahren hatten größere Auswirkungen.

Horst Mahler, der bekannte APO-Anwalt, war am Tag nach dem Attentat auf Rudi Dutschke und der ersten Springerblockade von der *Bild*-Zeitung als Anführer angeprangert worden. Die Generalstaatsanwaltschaft beim Kammergericht beantragte Berufsverbot für den Anwalt. Außerdem verklagte der Axel-Springer-Verlag Mahler auf Schadensersatz. Er sollte 506 696,70 D-Mark für alle Schäden durch die Osterblockaden bezahlen, auch für die ausgebrannten Auslieferungswagen, die mit den vom Verfassungsschutzagenten Peter Urbach lancierten Molotowcocktails angezündet worden waren.

In dieser Situation kam es am 4. November 1968 vor dem Landgericht Berlin zu einer Solidaritätsaktion, die sich in die »Schlacht am Tegeler Weg« verwandelte. Es demonstrierten etwa tausend Studenten, Jungarbeiter, Rocker und andere Jugendliche. Zum letzten Mal trugen die Polizisten ihre Tschakos, künftig waren es nur noch Helme, denn die Jugendlichen gingen mit ungeahnter Wut gegen die Polizisten vor. Es war der erste massenhafte Angriff auf Polizisten überhaupt. Hundertdreißig Polizisten und einundzwanzig Demonstranten wurden verletzt.

Im Streit um die Bewertung dieser Aktion werden die Strömungen der zerfallenden APO anschaulich. Am 6. Dezember 1968 diskutierte man im Republikanischen Club Westberlin (RC) über eine Erklärung des RC-Vorstands über die »Schlacht am Tegeler Weg«.[230] Viele Strömungen der Linken kamen ein letztes Mal zusammen; möglicherweise war auch Ulrike Meinhof unter ihnen.

Bestimmten einzelne Basisgruppen ihre Strategie und auch den Grad ihrer Militanz allein? Setzte die APO auf größere Militanz, weil sie verzweifelt war, dass sie seit Mai 1968 keine Massen mehr auf die Straße bekommen hatte? War Kritik anderer Gruppen angesichts der erwartbaren Repressionen unsolidarisch? Musste man in einer Gruppe mitmachen, um das Recht auf Kritik zu haben? War »die Schlacht« ein Fortschritt der Revolte, ein Element des Klassenkampfs, eine neue Qualität von Militanz, die in künftige Strategien einzufließen hatte? Oder blieben die Steinwürfe eine sozialpsychologische Reaktion auf einen brutalen Angriff der Polizei? War man in eine Falle gegangen? Woher war plötzlich der Lkw mit den Pflastersteinen gekommen? War eine Aktion strategisch korrekt, die sich gegen die Justiz richtete?

Ja, sagten manche, denn auch in liberalen Kreisen würde nun nicht über Steine, sondern darüber diskutiert, ob ein Anwalt aus solch einem Anlass Berufsverbot erhalten durfte. Andere widersprachen, diese Auseinandersetzung lande am Ende doch nur vor den Schranken des Gerichts und damit nicht in ihrer Hand. Aber zum ersten Mal seit dem NS-Faschismus, sagten wieder andere, sei die für objektiv gehaltene und von Nazis durchsetzte westdeutsche Justiz ins Scheinwerferlicht geraten!

Befand man sich auf der nächsten Stufe der politischen Bewusstwerdung, und war, wer die Aktion kritisierte, bloß dabei, sich in den warmen Schoß der Bourgeoisie, sprich in gut bezahlte Jobs in Staat und Kapital zu retten? Die Gruppen und Strömungen der APO drifteten auseinander: Bot diese Dynamik die Chance, dass einzelne Gruppen eine Art Avantgardefunktion übernahmen, die alle mitreißen konnte? Aber wie war dieser Prozess zu vermitteln und wie konnten sich die Strömungen auseinandersetzen, wenn es keine gemeinsamen Strukturen mehr gab – der SDS zerfiel – und keine gemeinsame Öffentlichkeit?

Wir müssen militanter werden, sagten die einen. Nein, wir müssen unsere Selbstopferungsbereitschaft steigern, protestierten die Gewaltfreien.

Gab es Hoffnungen auf Klassenkampf? Ältere Arbeiter hatten Aggressionen gegenüber der APO, aber jüngere Arbeiter und Lehrlinge reagierten mit Sympathie. Wenn das Klassenbewusstsein bei der Masse der Arbeiterschaft zur Zeit nicht vorhanden war, dann, so glaubte man, könne man sein Entstehen durch Aktionen der APO durchaus fördern.

Ulrike Meinhofs Genosse Johannes Agnoli sagte, in der Bundesrepublik und Westberlin gehe es darum, erst einmal die Bedingungen zu schaffen, die dazu führen, dass der Klassenkampf bewusst wird. Die Aktion am Tegeler Weg sollte nicht nachträglich psychologisch rationalisiert, sondern strategisch bewertet werden. Er halte den Anlass, den Prozess gegen Horst Mahler, »für ungeeignet«, aber der Konflikt habe einiges über diese Gesellschaft bewusst gemacht. Man müsse in Deutschland die Vorstellung zerstören, »dass nur staatliche Gewaltanwendung legitim ist«. Am Tegeler Weg sei eines der »interessantesten und schwerwiegendsten deutschen Tabus gebrochen« worden: dass »Demonstranten in Deutschland nie militant werden dürfen gegen die Polizei. Es ist für mich gar keine Frage, dass darin ein Beitrag zum Klassenkampf besteht«, sagte Agnoli.[231]

Rudi Dutschke musste derweil aus Marino fliehen, verfolgt von einer Meute Fotografen, nachdem er – vermutlich von Westberliner Genossen – an die Medien verraten worden war und der *stern* ihn aufgespürt hatte. Die weitere Rekonvaleszenz in La Leprara war unmöglich geworden. Giangiacomo Feltrinelli nahm die Dutschkes auf, zuerst in seinem Landhaus am Comer See, dann in Mailand.

Wo sollten sie künftig leben? In Westberlin war es ihnen zu gefährlich und zu anstrengend. Als bekannt wurde, dass Rudi Dutschke plante, sein Studium bei Herbert Marcuse in Kalifornien fortzuführen, zettelten Rechte in den USA eine Kampagne an, und Marcuse war aufgrund von Morddrohungen des Ku-Klux-Klans gezwungen, sich eine Zeitlang an einem unbekannten Ort aufzuhalten. Kanada lehnte es ab, den Dutschkes ein Visum zu erteilen; die Niederlande betrachteten Rudi als unerwünschten Ausländer, ebenso Belgien.

Gretchen Dutschke setzte mit Hilfe Erich Frieds und des linken Labour-Abgeordneten Michael Foot eine zunächst auf vier Wochen begrenzte Einreisegenehmigung für England durch. Auf der langen Reise erlitt Rudi Dutschke am 9. Dezember 1968 völlig unerwartet seinen ersten epilepsieartigen Anfall, eine Folge des Attentats. Nach einigen Wochen musste er England trotz seiner gesundheitlichen Probleme aus politischen Gründen erst einmal wieder verlassen. Sie siedelten nach Dublin um, wo Rudi sich wie aus der Welt geworfen vorkam und behauptete, nicht genug Literatur für seine Dissertation zu finden. Ab April 1969 lebten die Dutschkes wieder in London, mit einem Visum, das alle sechs Monate verlängert werden musste. Rudi hatte sich verpflichten müssen, sich aller politischen Aktivitäten zu enthalten. Während seines ganzen Aufenthalts wurden er und alle seine Besucher geheimdienstlich überwacht.

Rudi Dutschke litt weiter an epileptischen Anfällen, manchmal auch an Depressionen. Ohne die Hilfe von

Thomas Ehleiter kämpfte er sich noch einmal durch Werke von Marcuse, Marx und Lenin. Er lernte Englisch und betrieb seine Zulassung zur Promotion, was nach großen Anstrengungen auch gelang. Auf Anraten einiger Freunde erwog er, sich einer Psychoanalyse zu unterziehen. Das besprach er mit seinem Freund Herbert Marcuse, der ihn in London besuchte und ihm heftig abriet.[232]

Herbert Marcuse stand nach wie vor auf Seiten der Linken. Dafür geriet er sich auch mit alten Freunden in die Haare. Im Januar 1969 suchten Studenten einen Raum für eine Diskussion und besetzten einen Seminarraum im Institut für Sozialforschung in Frankfurt am Main. Zu der Gruppe gehörte der Adorno-Schüler Hans-Jürgen Krahl. Die Leitung des Instituts, darunter Adorno, rief die Polizei, ohne dass irgendetwas Besonderes passiert wäre. Marcuse kritisierte Adorno und schrieb ihm: »Ich glaube, dass, wenn ich die Institutseinladung annehme, ohne auch mit den Studenten zu sprechen, ich mich mit einer Position identifiziere (oder mit ihr identifiziert werde), die ich politisch nicht teile [...] wir können diese Tatsache nicht aus der Welt schaffen, dass diese Studenten von uns (und sicher nicht am wenigsten von Dir) beeinflusst sind [...] Wir wissen (und sie wissen), dass die Situation keine revolutionäre ist, nicht einmal eine vor-revolutionäre. Aber dieselbe Situation ist so grauenhaft, so erstickend und erniedrigend, dass die Rebellion gegen sie zu einer biologischen physiologischen Reaktion zwingt: man kann es nicht mehr ertragen, man erstickt und muss sich Luft schaffen. Und diese frische Luft ist nicht die eines ›linken Faschismus‹ (contradictio in adjecto!), es ist die Luft, die wir (wenigstens ich) auch einmal atmen möchten und die sicher nicht die Luft des Establishments ist [...]«.[233]

Und zwei Monate später, während des Besuchs bei Rudi Dutschke, schrieb Marcuse an Adorno: »Unsere (alte) Theorie hat einen inneren politischen Gehalt, eine innere politische Dynamik, die heute mehr als zuvor zu einer konkreten politischen Position drängt.«[234]

»Nicht einmal eine vor-revolutionäre Situation« – nicht alle sahen es so. Zehn Monate später wird sich Ulrike Meinhof mit ihren Freunden dafür entscheiden, den bewaffneten Kampf aufzunehmen.

Nach Marcuses Besuch beschloss Dutschke, Selbstbeherrschung müsse genügen, um die wiederkehrenden Ängste in den Griff zu kriegen, während er seine Anfälle durch eine gesunde Lebensführung und die nötige ärztliche Behandlung zu beherrschen versuchte. Er sprach nur selten über die Ereignisse vom 11. April 1968, und wenn er es tat, war sein alles umfassender Begriff dafür: »Die große Scheiße.«

Ende Mai 1969 besuchte Rudi Dutschke zum ersten Mal wieder die Bundesrepublik. Er blieb zehn Tage und führte Diskussionen mit vielen Genossen. Übungshalber schrieb er seine Eindrücke in Englisch auf: »I was for 10 days in W.-Berlin, it was living, doing discussing, and helping under the condition of real development and chaos – it's going together. A lot of groups and persons are going their own way. That's real good for the fighting again the state structure, but the content of the fight, the clear strategy etc. wasn't to find.« Frei übersetzt: »Ich war zehn Tage in Westberlin, es war viel los, und ich habe viel diskutiert und versucht, unter den gegebenen Bedingungen und in diesem Chaos zu helfen – es wächst einiges zusammen. Viele Gruppen und Personen gehen ihren eigenen Weg. Das ist wirklich gut für den Kampf gegen staatliche Strukturen, aber ich habe weder den Inhalt des Kampfes noch eine klare Strategie finden können.«[235]

Zu seinen Gesprächspartnern gehörte auch Ulrike Meinhof. Sie redeten einige Stunden unter vier Augen miteinander. Obwohl keiner von beiden anderen gegenüber ausführlich über diese Begegnung sprach, gibt es widerstreitende Darstellungen darüber.

Gretchen Dutschke schrieb siebzehn Jahre nach dem Tod ihres Mannes dessen Biographie (*Wir hatten ein barbarisches, schönes Leben, 1996*). Darin sagt sie über das Gespräch zwischen Rudi und Ulrike vom Mai 1969: »Auch in ihrem Fall ahnte Rudi nicht, dass sie vorhatte, in den Untergrund zu gehen. Er erzählte mir aber mit Verwunderung und einer Mischung aus Abscheu und Geschmeicheltsein: ›Ulrike hat mir etwas Seltsames vorgeschlagen. Ich soll dich verlassen und mit ihr zusammenleben. Als ich ihr sagte, dass ich das nicht tun kann, sagte sie: ‚Nimm deinen Sohn mit. Er wird bei uns doch besser aufwachsen als bei deiner Frau.‘‹ Vielleicht war sie enttäuscht, als Rudi ihr Angebot ablehnte.«[236]

Gretchen Dutschke war, wenn sie denn eifersüchtig

gewesen sein sollte, grundlos eifersüchtig. Ulrike Meinhof liebte Rudi Dutschke lediglich als einen brüderlichen Freund. »Ulrike Meinhof hatte er gut gekannt«, schrieb Rudi Dutschkes Frau später, als beide tot waren.[237] Ulrike hatte kein erotisches Interesse an Rudi. Nur engsten Vertrauten sagte sie, wie nah er ihr stand. Es ist sehr gut möglich, dass sie versucht hat, ihn zu überreden, aus England zurück nach Berlin zu kommen. Da war sie allerdings nicht die Einzige. Sie wusste, wie alle Freunde von Dutschke, dass Gretchen dagegen war, nach Deutschland zurückzukehren. Viele waren deshalb wütend auf sie. Sie warfen ihr vor, dass sie Rudi entpolitisiere. Es ist gut möglich, dass auch Ulrike Meinhof in politischer Hinsicht nicht viel von Rudis Ehefrau hielt. Damit stand sie nicht allein. Gretchen Klotz-Dutschke wurde von Anfang an, auch in überheblicher und chauvinistischer Weise, als Anhängsel von Rudi betrachtet, sie galt als zu christlich, zu zurückhaltend, als politisch uninteressant und als eine Bremse für Rudi.

Es ist leicht vorstellbar, dass Meinhof aus diesem Grund gesagt hatte: »Dann komm doch ohne Gretchen nach Westberlin.« Denn sie wusste, dass Rudi genau darüber nachdachte. Er wird es ihr auch gesagt haben.

»In meinem Kopf«, sagte Rudi, »ist zu viel zerstört, Autos, Busse und Flugzeuge machen mich sehr nervös. Brauche ich nicht einen neuen Anfang, und muss ich nicht meine Doktorarbeit abschließen?«

Gretchen schrieb: »Rudi war hin- und hergerissen zwischen dem Wunsch, [politisch] einzugreifen, und dem Bewusstsein seiner gesundheitlichen und geistigen Schwächen.«[238]

»Wie kann ich gut Englisch lernen, wenn mein Deutsch nicht wirklich entwickelt ist?«, fragte Rudi sich. Er dachte oft darüber nach, nach Deutschland zurückzukehren, wo er in seiner Muttersprache lernen und sich entwickeln konnte, aber »Gretka [Gretchen] is against a come-back to Germany, we shall see«.[239]

Im Sommer 1969 hatte Ulrike Meinhof ganz andere Sorgen, als in den Untergrund zu gehen. Darüber dachte sie erst zehn Monate später nach. Sie suchte seit langem linke Erwachsene mit Kindern für ein gemeinsames Wohnprojekt und sprach alle möglichen Leute dafür an. Die Nirumands zum Beispiel, auch wenn sie deren Ehe etwas patriarchal fand. »Kann ja sein«, spottete sie, »dass Bahman mal persischer Ministerpräsident wird, aber ich habe keine Lust, mich diesen Bedürfnissen unterzuordnen.« Auch andere Linke mit Kindern sprach sie an, unter ihnen die Ehrlers, die vielleicht sogar ein großes Haus mit Garten in Zehlendorf beziehen wollten. »Solveig Ehrler«, sagte Meinhof im Juli 1969, »ist in einer ähnlichen Lage wie ich, auch sie braucht Hilfe.« Solveig Ehrler gehörte zur Linken im Republikanischen Club und war verantwortliche Redakteurin der *Roten Presse Korrespondenz*. Aber keiner der Pläne klappte, und so zog Ulrike Meinhof bald aus ihrer lauten Wohnung in der Goßlerstraße in eine große, kinderlose Wohngemeinschaft in der Halberstädter Straße. Es war nur eine vorübergehende Lösung.

Ein weiteres Thema, über das Dutschke und Meinhof im Mai gesprochen haben könnten, lag nahe: der Kampf um die Zeitschrift *konkret*. Nach dem Attentat auf Rudi Dutschke war auch die Zusage von Klaus Rainer Röhl geplatzt, aus *konkret* eine Zeitschrift der APO zu machen. Ulrike Meinhof hatte bei der Scheidung 1968 darauf verzichtet, ihre materiellen Interessen durchzusetzen, und auch keine Ansprüche an *konkret* oder am *konkret*-Verlag erhoben. Erst später hatte sie begriffen, wie wertvoll die Zeitschrift für die Arbeit der APO sein könnte. Eine Westberliner Gruppe um Ulrike Meinhof und Rudi Dutschke wollte einen autonomen redaktionellen Teil in *konkret* durchsetzen, der von einem autonom finanzierten Berliner Redaktionsbüro betreut werden sollte.

Die APO schien auch anderen kommerziellen Erfolg zu versprechen. Röhl, in seinem Ansehen angeschlagen, nachdem seine prominente und beliebte Frau ihn verlassen hatte, wollte den Aufwind nutzen. Aber an »Basisdemokratie« und eine wirkliche autonome Westberliner APO-Redaktion, wie er es leichtzüngig versprochen hatte, dachte er in Wirklichkeit nie. Er wollte sich einzelne prominente APO-Autoren herauspicken, die Gestaltung der Zeitschrift sollte sich am *stern* orientieren, alle Entscheidungen sollten allein bei ihm liegen.

Die Verhandlungen zogen sich schon seit dem Frühjahr 1968 hin. Damals hatte er »fünf APO-Führer«, wie Röhl sie nannte,[240] in sein Haus in Blankenese eingeladen: Bahman Nirumand, Hans Magnus Enzensberger, Christian Semler, Gaston Salvatore und Rudi

Dutschke. Röhl machte sich später über seine Gäste lustig, die angeblich nicht einmal seinen Wein zu schätzen gewusst hätten. Dann gab er ein bisschen an: »Während man über die sich verschärfenden Klassenkämpfe redete, führte ich meine neueste Errungenschaft vor: das Schnellfeuergewehr Landmann-Preetz, ein waffenscheinfreies Kaliber. Für mich war's eine Spielerei – ein bisschen Erinnerung ans Gewehr 41« – an dem er 1943 ausgebildet worden war. »Außerdem schießen alle Röhls gut. Mein Großvater war Schützenkönig in einer Gilde, die als Danziger Bürgerwehr« angetreten war. »Jedenfalls war ich zu diesem Zeitpunkt sicherlich der einzige Linke in der Bundesrepublik, der eine solche Waffe (zum Entsetzen Ulrikes) besaß.«[241]

Der Druck seiner APO-Autoren nötigte Röhl, dem Berliner *konkret*-Kollektiv zum 1. September 1968 einen Vertrag anzubieten. Alles war ausgehandelt. Ins Impressum von *konkret* sollten Dutschke, Enzensberger, Nirumand, Meinhof, Salvatore und Peter Schneider aufgenommen werden. »konkret Berlin«, das neue Berliner Büro, sollte neunzehn Seiten autonom gestalten dürfen. Auch die Finanzen waren fixiert: 3000 Mark für den verantwortlichen Vertreter der Gruppe, 200 Mark Honorarfonds, 800 Mark Fixum für Büro- und Telefonkosten.[242] Aber dann händigte Röhls Geschäftsführer Klaus Steffens, gewiss im Auftrag von Röhl, nur einen Probevertrag aus. Das Westberliner *konkret*-Kollektiv fühlte sich hintergangen, das Projekt platzte.

So stand die Berliner Redaktion von *konkret* nach monatelangen Verhandlungen vor dem Nichts. Ulrike

Meinhof lud Anfang Mai 1969 zusammen mit den *kon-kret*-Autoren Jürgen Holtkamp, Karl Heinz Roth, Peter Homann und Reinhard Kahl zu einer Diskussion in den Republikanischen Club Westberlin: »Nachdem der Versuch der Genossen Nirumand, Enzensberger, Semler, Salvatore, Dutschke im Frühjahr 1968, Röhl mit den prominentesten Namen der Bewegung zur Zusammenarbeit zu zwingen, gescheitert ist, ist nun auch der zweite Versuch – diesmal der linken Redakteure und Autoren der Zeitung –, die Zusammenarbeit zu erzwingen, gescheitert. Ein dritter Versuch, wenn er nicht nur die schon gemachten Erfahrungen bestätigen und Misserfolge wiederholen soll, müsste auf einer anderen Ebene, mit anderen Mitteln unternommen werden.«[243]

Auch darüber werden Rudi und Ulrike gesprochen haben, denn Ulrike Meinhof stand gerade am Pranger, weil man ihr unterstellte, das Blankeneser Haus ihres Ex-Gatten aus Rache verwüstet zu haben. Dabei war es eine Idee aus dem SDS-Bundesvorstand gewesen, die *konkret*-Redaktion in Hamburg zu besetzen. Als das gescheitert war, hatte die Gruppe junger Leute kurzerhand Röhls Haus gestürmt.

Ulrike Meinhof war erst nach der Aktion dazugekommen, war mit auf Fotos geraten und erschien so in den Augen vieler als unpolitische »Furie«, die sich aus persönlichen Gründen an ihrem Mann rächte. Sie litt sehr unter diesen Vorwürfen.

Rudi Dutschke stellte sich öffentlich hinter sie. Als Unterzeichner der Erklärung zur »Besetzung von *konkret*« waren außerdem ausdrücklich auf ihrer Seite:

Günter Amendt, Hans Magnus Enzensberger, Heinz Grossmann, Marianne Herzog, Jürgen Holtkamp, Peter Homann, Reinhard Kahl, Annegret Kirchhoff, Reinhard Lettau, Wolfgang Neuss, Bahman Nirumand, Detlev Schneider, Michael Schneider, Peter Schneider, Monika Seifert, Christian Semler, Eckardt Siepmann, Horst Thomeyer.[244] Ihr gemeinsamer Text erschien in der im Februar 1969 neugegründeten antiautoritären Zeitung *Rote Presse Korrespondenz* (RPK), die klein war und kein Ersatz für die verlorene *konkret* sein konnte.

In der RPK schrieben viele Antiautoritäre, darunter auch Rudi Dutschke und Ulrike Meinhof. Zum vollständigen Namen des Blatts gehörte der Untertitel »der Studenten-, Schüler- und Arbeiterbewegung«. Nur ein knappes Jahr später, im Frühjahr 1970, ging das Blatt der antiautoritären Linken verloren und wurde zu einem Organ der KPD/AO. Ulrike Meinhof hatte keine linke Plattform mehr.

Ein drittes Gesprächsthema dieser letzten Begegnung von Ulrike Meinhof und Rudi Dutschke im Mai 1969 könnte die geplante Sabotageaktion gegen ein auf der Werft von Blohm + Voss gebautes Kriegsschiff gewesen sein. Kurz vor dem Besuch von Rudi Dutschke hatte sich Ulrike Meinhof entschieden, eine solche Aktion Dritter zu unterstützen: einen Sprengstoffanschlag auf ein Kriegsschiff in Hamburg.

Es ist ziemlich wahrscheinlich, dass sie den Plan mit Rudi besprach. Schließlich hatte er – zusammen mit ihrem gemeinsamen politischen Freund Giangiacomo

Feltrinelli – 1968 schon einmal den Plan ausgeheckt, in Bremen ein Schiff mit Material für den Vietnamkrieg in die Luft zu sprengen, dieses Vorhaben aber schließlich fallengelassen, weil nicht zu gewährleisten war, dass kein Mensch dabei zu Schaden kam.

Das unterschied sich von der Aktion, die politische Freunde von Ulrike Meinhof 1969 bei Blohm + Voss vorhatten. Überliefert ist, dass Meinhof diejenigen, die diese Aktion planten, eindringlich fragte, ob es garantiert sei, dass bei dem Sprengstoffanschlag gegen das Kriegsschiff kein Mensch verletzt werde. Erst als sie davon überzeugt war, half sie bei der Beschaffung von Geldmitteln.

Auf dem Vietnamkongress, vierzehn Monate vorher, hatte es bei Worten wie jenen von Peter Weiss tosenden Beifall gegeben, der sagte: »Wir in den Städten müssen wissen, dass wir uns vorzubereiten haben auf das Schlimmste. Der Feind wird versuchen, die Kraft der Revolution im eigenen Land zu brechen. Der Kampf beginnt in den Ghettos seiner Städte, in den Universitäten und Schulen und in den gefährdeten Industrien der kapitalistischen Welt [...] Wir [sind] nicht mehr Zuschauer, sondern Teilnehmer am Befreiungskampf. Die Nationale Front für die Befreiung Südvietnams [...] stellt uns die Aufgabe der Organisation des Widerstands in den Metropolen. Unsere Ansichten müssen praktisch werden, unser Handeln wirksam. Dieses Handeln muss zur Sabotage führen, wo immer diese möglich ist. Dies fordert persönliche Entscheidungen. Dies verändert unser privates, individuelles Leben. [...]

Kämpfen wir an jedem Ort der Welt für die Stützung der Emanzipationsbewegung aller Unterdrückten. Nehmen wir die größte Mühe auf uns. Scheuen wir keine Opfer, um zu schaffen eine neue internationale proletarische Solidarität.«[245]

Mittlerweile waren manche APO-Leute schon in die bürgerliche Welt zurückgekehrt. Andere änderten ihr »privates, individuelles [sprich: bürgerliches] Leben«.

Die Hamburger Werft Blohm + Voss baute für die portugiesische Diktatur drei Korvetten der Joao-Coutinho-Klasse. Diese Kriegsschiffe verfügten über zusätzlichen Raum für Bodentruppen, damit die portugiesische Armee das sich aus kolonialer Abhängigkeit befreiende westafrikanische Guinea-Bissau noch effektiver angreifen konnte. Alle Proteste und Demonstrationen gegen die Rüstungsproduktion bei Blohm + Voss hatten nichts genutzt. Die Solidarität der Protestierenden galt den Befreiungsbewegungen in den von Portugal besetzten Kolonien: der MPLA in Angola, der Frelimo in Mosambik und der PAIGC (Afrikanische Partei für die Unabhängigkeit von Guinea und Kap Verde) in Guinea-Bissau, letztere gegründet von Amilcar Cabral, dem auch in der westdeutschen Linken hochgeschätzten Analytiker und Politiker des afrikanischen Guerillakriegs, der 1973 ermordet wurde.[246]

Es war Portugal, nach wie vor eine Diktatur unter Salazar, auch vollkommen gleichgültig, dass die UNO immer mal wieder verlangte, die afrikanischen Kolonien in die versprochene Unabhängigkeit zu entlassen. Der Krieg ging weiter. Ältere Linke kannten die Bilder aus dem Algerienkrieg, alle kannten die Bilder aus Vietnam. Schon einmal, 1958, war im Hamburger Hafen ein Kriegsschiff versenkt worden, das damals mit Rüstungsgütern nach Algerien aufbrechen sollte. Nun plante eine Gruppe von Leuten, die Auslieferung der Korvetten zu behindern, vielleicht sogar zu verhindern.

Am 13. Oktober 1969 kam es bei Blohm + Voss zu einer Explosion. Niemand wurde verletzt. Das Schiff konnte erst Monate später ausgeliefert werden. Der Anschlag hatte die empfindliche Elektronik der Korvette zerstört. Wer heute, fast vierzig Jahre danach, von Blohm + Voss Auskunft erhalten will, stößt auf eine Mauer des Leugnens. Die Hamburger Staatsschutzabteilung K 4 zog damals sofort die Ermittlungen an sich. Alle Medien schwiegen, einzig *Bild* Hamburg, ausgerechnet, ist der veröffentlichte Beleg dafür, dass die Aktion stattfand. Vermutlich sollte der Imageverlust klein gehalten und vielleicht auch die Tatsache nicht allzu bekannt werden, dass sich die Bundesrepublik fünfundzwanzig Jahre nach dem Zweiten Weltkrieg an kolonialen Kriegen beteiligte.

Ulrike Meinhof und Rudi Dutschke sprachen über Wohngemeinschaftsprojekte. Meinhof wird verstanden haben, dass Dutschke erst einmal nicht in die Bundesrepublik zurückkehren konnte. Aber auch aus der Ferne unterstützte er sie und die Genossen in der Auseinandersetzung um *konkret*. Und Sabotageaktionen gegen den Krieg fanden beide, zumindest unter bestimmten Umständen, legitim.

Die politische Lage schien so aussichtslos, dass Rudi Dutschke Anfang 1969 bereit war, »in den Untergrund zu gehen, falls die Bedingungen dafür gegeben waren. [...] Die Illegalität schien Rudi notwendig, wenn es überhaupt gelingen sollte, neue Strukturen im herrschenden System aufzubauen«, schrieb Gretchen Dutschke.[247] Aber wie sollte der illegale Kampf gelingen, wenn man nicht in die Falle des Terrorismus laufen wollte?

Die Begegnung zwischen Rudi Dutschke und Ulrike Meinhof vom Mai 1969 war ihre letzte. Rudi Dutschke blieb vorerst in England. Sie sahen sich nie wieder.

17

Abschiede

(1969–1979)

Am 12. Dezember 1969, kurz nach den September-streiks bei Fiat in Turin, explodierte in der Nationalen Landwirtschaftsbank an der Piazza Fontana in Mailand eine Bombe, sechzehn Menschen starben, fast hundert wurden verletzt. Seit Monaten gab es eine Serie von Sprengstoffanschlägen in Italien, die der Linken in die Schuhe geschoben wurde. Jahre später sollte ein Gericht nachweisen, dass eine faschistische Organisation dafür verantwortlich war. Aber jetzt wurde Giangiacomo Feltrinelli das Opfer eines Komplotts rechter Kreise. Als Verdächtiger gebrandmarkt, tauchte er ab, lebte von nun an auf der Flucht und reiste inkognito durch Deutschland, Frankreich, Österreich und Italien.

Im November 1969 wurde in London das zweite Kind von Gretchen und Rudi Dutschke geboren, die Tochter Polly-Nicole. Die kleine Familie lebte von Spenden von Rudolf Augstein und von Stipendien, die sie mit Hilfe von Helmut Gollwitzer und dem Textilmaschinenfabrikanten Franz Morat erhielt. Rudi Dutschke beobachtete die Entwicklung seiner alten Genossen aus der Ferne. In Westberlin war die APO atomisiert, zerfiel in Stadtteilgruppen, Frauengruppen, K-Gruppen, Basisgruppen, militante Gruppen. »Wenn ich mir die ›Auseinandersetzungen‹ im linken Lager der Spekulationsstadt Westberlin von außen ›ansehe‹, habe ich den Eindruck von einem ›Verwesungsprozess‹ der revolutionären Substanz.« Sie haben schon lange keinen »klaren revolutionären Inhalt« mehr, schrieb er am 30. Dezember 1969 in London in sein Tagebuch.[248]

Ulrike Meinhof lebte mit ihren Kindern und dem ehemaligen Hamburger Kunststudenten Peter Homann, der 1962 nach Westberlin gezogen war, seit Anfang Dezember 1969 in einer großen Wohnung in der Kufsteiner Straße. Mit Peter Homann war sie ein paar Monate lang liiert. Im Sommer 1970, aber da waren sie schon längst kein Paar mehr, flog er mit ihr und der RAF in ein militärisches Ausbildungslager nach Amman/Jordanien und trennte sich dann von der Gruppe.

Doch das ist eine andere Geschichte. Vorher, im Winter 1969/70 beteiligte sich Ulrike Meinhof mit Freunden, darunter ehemalige SDSler, aber auch frühere Heimzöglinge sowie Horst Mahler, Gudrun Ensslin und Andreas Baader, an Diskussionen, die im Frühjahr 1970 zu der Entscheidung führten, eine Stadtguerilla aufzubauen und in den Untergrund zu gehen.

Am 14. Mai 1970 half sie mit, Andreas Baader aus der Haft zu befreien, und nahm mit ihrer Gruppe, die sich bald Rote-Armee-Fraktion (RAF) nannte, den bewaffneten Kampf auf. Rudi »war traurig, dass sie diesen Weg gewählt hatte, während er den Weg von Elisabeth Käsemann, die in der argentinischen Guerilla gekämpft hatte und umgebracht worden war, mit Bewunderung betrachtete«, schrieb Gretchen Dutschke.[249] Für die Befreiung von Andreas Baader hatte Dutschke, wie viele Linke, noch Sympathien. Als ein Besucher aus Berlin sich bei den Dutschkes in London positiv über die Sache äußerte, schrieb Dutschke in sein Tagebuch: »Hub[ertus Hüppoff] [...], interessant ist auch seine neue Bejahung des ›alten Voluntarismus‹, bejaht kritisch die ›Befreiungsangelegenheit‹ unserer Genossen ... !?! Darüber muss bald was geschrieben werden; Entwicklung d[es] Klassenkampfes/Terror/ Aufstand ...«[250]

Im März 1972 kam Giangiacomo Feltrinelli in der Nähe von Mailand bei einem bis heute ungeklärten Sprengstoffanschlag ums Leben. Seine Frau Sibilla floh vor Polizei und Medien. Die Staatsschützer wollten wissen, was sie über die Beziehungen und Kontakte zum internationalen revolutionären Untergrund wusste. Sie wurde endlos verhört und bekam Einreiseverbote in einige Länder. In anderen aber war sie willkommen: Fidel Castro bot ihr über einen Mittelsmann Exil in Kuba an.[251]

Am Ende ihrer Zeit im Untergrund, kurz vor ihrer Festnahme im Juni 1972, beteiligte sich Ulrike Meinhof an der »Mai-Offensive« der RAF auf Einrichtungen der US-Army in der Bundesrepublik, die als Nachschubbasis für den Krieg in Vietnam galten. Am 11. Mai 1972 ließ die RAF drei Bomben im Hauptquartier des V. Armeekorps der US-Streitkräfte im IG-Farben-Haus explodieren. Oberstleutnant Paul A. Bloomquist starb, dreizehn Menschen wurden verletzt. Am 24. Mai explodierten im europäischen Hauptquartier der US-Army zwei Bomben. Drei amerikanische Soldaten, Clyde Bonner, Ronald Woodward und Charles Peck, wurden getötet und fünf GIs verletzt.

Der frühere CIA-Agent K. Barton Osborne gab später zu Protokoll, in dem zerstörten Gebäude habe sich »die Computeranlage der logistischen Kommandostelle der US-Armee« befunden, »mittels deren der Bombennachschub für die gewaltigen Flächenbombardierungen von Zivilgebieten Südvietnams und des Roten Flusses in Nordvietnam berechnet wurden«.[252] Zwei weitere Anschläge richteten sich gegen Polizeieinrichtungen in München und Augsburg. Dort gab es nur Sachschaden.

Ulrike Meinhof war mitverantwortlich für den fünften Anschlag am 19. Mai 1972 gegen das Springerhochhaus in Hamburg. Nicht nur sie sah im Axel-Springer-Verlag einen Mitverantwortlichen für den Tod von Benno Ohnesorg und für den Anschlag auf Rudi Dutschke. Vielleicht verleitete sie die Erfahrung beim Anschlag auf die Werft von Blohm + Voss dazu, zu glauben, dass auch diesmal die Evakuierung des Gebäudes reibungslos funktionieren würde. Aber die Umstände waren anders. Ulrike Meinhof verschätzte sich auch, als sie annahm, dass die Telefonzentrale des Verlags die mehrfachen Warnanrufe ernst nehmen und dafür Sorge tragen würde, dass das Gebäude evakuiert wurde. Einer der Anrufer war sie. Siebzehn Menschen wurden zum Teil schwer verletzt.

Im Juni 1970, kurz nach der Baader-Befreiung, wurde Rudi Dutschke zur Promotion im Fach Soziologie am King's Hall College von Cambridge zugelassen, und man überließ ihm sogar eine Wohnung auf dem Collegegelände. Kurz zuvor hatte sich der Attentäter Josef Bachmann bei seinem sechsten Selbstmordversuch im Gefängnis selbst getötet. Rudi Dutschke, der ihm mehrfach geschrieben hatte, bedauerte Bachmann: »Er repräsentierte die Beherrschung von unterdrückt gehaltenen Menschen [...] der Kampf um Befreiung hat gerade erst begonnen; leider kann Bachmann daran nun nicht mehr teilnehmen.«[253]

Aber Rudis Zukunftspläne wurden wieder einmal vereitelt. Im Juni 1970 hatte es in England Neuwahlen gegeben und die Tories kamen an die Regierung. Neuer Innenminister wurde Reginald Maudling, und der verfügte, dass Rudi Dutschke, der eben erst nach Cambridge umgezogen war, bis zum 30. September mit seiner Familie England verlassen sollte. Maudling nutzte sogar Sonderrechte zum Schutz »der nationalen Sicherheit«, um Rudi Dutschkes rechtliche Einspruchsmöglichkeiten zu beschränken. Fünf Vertreter des britischen Establishments – ein prominenter konservativer Anwalt, zwei ehemalige Staatsdienstchefs des Außenministeriums, ein General im Ruhestand und ein pensionierter britischer Richter der Kronkolonie Kenia – bildeten das »Immigration Appeal Tribunal«, das vom 17. bis 22. Dezember über Rudi Dutschkes Zukunft entschied. Anklagevertreter war Sir Peter Rawlinson, Minister im Kabinett Heath und Generalstaatsanwalt.

Jetzt erfuhr Dutschke, dass alle seine Kontakte überwacht worden waren. Man warf ihm sein Interesse an streikenden Arbeitern in Port Talbot/England vor, seine Kontakte zu britischen Linken im Allgemeinen und zu Linken in der BRD, Beziehungen zu Befreiungsbewegungen in Chile, in den USA und im Mittleren Osten und den Besuch der chinesischen Botschaft.

Blass saß Rudi Dutschke, der Staatsfeind, in offenem Hemd und Strickjacke vor seinen Richtern. Er wehrte sich, argumentierte, wobei ihm immer wieder das Wort abgeschnitten wurde. Neurologen bestätigten, dass er noch nicht geheilt war. Gustav Heinemann, Helmut Gollwitzer und Heinrich Albertz setzten sich für ihn ein; Gollwitzer und Albertz reisten sogar als Zeugen an. Das Gericht hatte Dutschkes Texte gelesen, auch eine Rede über Sabotageaktionen gegen den Krieg in Vietnam, die er kurz nach dem Vietnamkongress 1968 in Amsterdam gehalten hatte. »Seit Dutschke nicht mehr in Berlin ist, sind die Auseinandersetzungen gewalttätiger geworden«, sagte Albertz hilflos. »Sie sind Pastor, Herr Zeuge, nicht wahr?«, fragte der Anklagevertreter, süffisant lächelnd.[254]

Am 8. Januar 1971 bestätigte das Tribunal den Ausweisungsbeschluss: »Wir glauben nicht, dass der Appellant [Rudi Dutschke] bis zum gegenwärtigen Zeitpunkt eine nennenswerte Gefährdung der nationalen Sicherheit dargestellt hat. Dessen ungeachtet […] glauben wir, unter Beachtung aller Umstände dieses Falles, dass in der Fortdauer seines Aufenthaltes ohne Zweifel ein Risiko besteht.«[255]

Rudi Dutschke, Gretchen, Hosea und Polly mussten das Land verlassen.

Am 21. Februar 1971 erreichten sie den Hafen von Esbjerg/Dänemark. Freunde hatten Rudi einen Lehrauftrag bei Professor Johannes Sløk am Institut für Ideengeschichte der Universität Aarhus und eine Wohnung auf der Halbinsel Mole verschafft. Bald würden der Philosoph Ernst Bloch und seine Frau, die Architektin Karola Bloch, die Dutschkes hier besuchen, der Beginn einer innigen Freundschaft. – Drei Jahre später promovierte Rudi Dutschke an der Freien Universität Westberlin mit dem Thema »Zur Differenz des asiatischen und europäischen Weges zum Sozialismus«.

1972 wurde Ulrike Meinhof festgenommen, sie saß unter äußerst inhumanen Haftbedingungen in den Justizvollzugsanstalten Köln-Ossendorf und in Stuttgart-Stammheim. Am 9. Mai 1976 fand man sie erhängt in ihrer Zelle, um die Todesursache gibt es bis heute Streit.

Den Weg der RAF kritisierte Rudi Dutschke scharf, den bewaffneten Kampf seiner alten Bekannten Elisabeth Käsemann – auch sie war mit im Prager Frühling gewesen – hingegen verteidigte er: »Nach dem schweren Zerstörungs- und Selbstzerstörungsprozess des SDS, dem viele der jungen Genossinnen und Genossen oft verzweifelt zuschauten, fuhr die Genossin [Elisabeth Käsemann] im Herbst 1968 nach Chile und später nach Argentinien.« Sie habe, so Rudi Dutschke 1977, zehn Jahre im argentinischen Klassenkampf gekämpft, und er verteidigte ihr Recht – und die objektive Notwendigkeit –, unter diesen Bedingungen bewaffnet zu kämpfen: »Das militärische Regime der letzten Jahre, nicht ein einziges bürgerliches Recht anerkennend, alle linken Strömungen mit allen Mitteln des militärischen Terrors angreifend, ließ andere Widerstands- und Angriffsformen nicht zu. […] mit vier Schüssen im Rücken wurde sie schließlich ›ausgeliefert‹. ›Auf der Flucht erschossen‹, oh, wie oft haben wir davon schon hören müssen.«[256]

Im Oktober 1979, zwei Monate vor seinem Tod, besuchte Rudi Dutschke mit einer Pressekarte der *taz* die Pressekonferenz, die Bundeskanzler Helmut Schmidt mit seinem chinesischen Staatsgast, dem Partei- und Regierungschef Hua Guofeng, abhielt. Vierzig Minuten redeten nur die beiden Staatschefs. Für dreihundert Journalisten waren lediglich zwanzig Minuten für Fragen inklusive der Antworten vorgesehen; der chinesische Gast sollte nicht zu sehr belästigt werden. Der Bundeskanzler sagte schließlich, »er übergebe nun das Kommando an seinen Pressesprecher Klaus Bölling«. Da stand Rudi auf und rief: »Herr Bundeskanzler, Sie sind hier bei der freien Presse, nicht bei der Bundeswehr, wo kommandiert wird, nicht in Peking, in Moskau oder Ostberlin.« Regierungssprecher Bölling »erkannte mit deutlicher Irritation, wer da stand«, und sagte streng: »Das hier ist eine Pressekonferenz und keine Demonstration.« Er verweigerte Rudi eine Frage und ließ ihn von zwei Ordnern aus dem Saal räumen. Stattdessen gab Bölling »zwei chinesischen Pressedienern und zwei ZDF- und *Welt*-Dienern das Wort«.

»Was haben Sie fragen wollen?«, wollte ein Journalist draußen von Rudi Dutschke wissen. Der antwortete: »Wenn der Kanzler gegenüber seinem Gast aus Peking die Menschenrechte unerwähnt lasse, missachte er die Rechte von Millionen von Menschen in China«.[257] Das war zwei Jahre nach dem »Deutschen Herbst« und drei Jahre nach Ulrike Meinhofs Tod. Kurz darauf beteiligte sich Rudi Dutschke an der Gründung der Grünen.

Nur wenige Wochen später, am 24. Dezember 1979, starb Rudi Dutschke an den Spätfolgen des Attentats vom 11. April 1968. Er ertrank nach einem epileptischen Anfall in der Badewanne im Haus in Aarhus.

*

Obwohl die Rebellion der APO gescheitert war, hatte sie tiefe Auswirkungen. Sie veränderte die gesellschaftlichen Verhältnisse: Einerseits wurden zwar die Repressionsinstrumente geschärft und bis zur heutigen, nicht nur digitalen Überwachungsgesellschaft weiterentwickelt, andererseits entstand aus den Zerfallsprozessen der Revolte eine neue Dynamik außerparlamentarischer sozialer Bewegungen. Auch diese Bewegungen bargen – und bergen noch – alle denkbaren linken politischen Strömungen.

Gleich nach dem Ende der APO, als viele ihrer Protagonisten sich erschöpft und mutlos zurückzogen oder sich, mit nachlassendem Widerwillen, integrieren ließen, blühten neue außerparlamentarische Projekte: die

Frauenbewegung und die Bewegung gegen den Abtreibungsparagraphen 218, die Anti-AKW-Bewegung der siebziger Jahre, die Ökologiebewegung, die Hausbesetzerszene und die Autonomen, radikale Linke und Antifa-Gruppen, die Solidaritätsbewegungen mit den Befreiungskämpfen beispielsweise in Chile, Nicaragua, El Salvador und Südafrika. – Die Militärjunta in Griechenland war 1973 am Ende, der spanische Diktator Franco starb 1976, und in Portugal brach 1974, mit Unterstützung etlicher Offiziere, die »Revolution der Nelken« aus.

Epilog

(1988)

Also, ich glaube, dass man ganz ohne Gewalt bestimmt nicht auskommt«, sagt Karola Bloch, dreiundachtzig Jahre alt, Kettenraucherin, wache Augen, weißes Haar.

Die Sonne scheint ins Zimmer, an der Wand hängt ein Plakat, das ihren Mann, den Sozialphilosophen Ernst Bloch, entspannt am dänischen Strand neben Rudi Dutschke liegend zeigt, bei ihnen der kleine Hosea Che.

»Selbstverständlich bin ich für Gewalt, nicht nur gegen Sachen, sondern gegen solche Menschen, die dem Fortschritt schaden, da habe ich gar keine Skrupel«, fährt die alte Jüdin und Kommunistin fort. »Da bin ich zu sehr als Revolutionärin aufgewachsen. [...] Ohne Gewalt wäre ja keine Revolution eigentlich gelungen.«

Neben ihr sitzt der achtzigjährige Helmut Gollwitzer, christlicher Sozialist.

»Also«, sagt er, »also, als Jünger Jesu ...«

Karola Bloch: »Als was?«

»Als Jünger Jesu von Nazareth ...«, sagt Gollwitzer.

»Aha!«, sagt Karola Bloch und zieht kräftig an ihrer

Zigarette, ironischer Augenaufschlag, als könne sie nicht fassen, dass der alte Freund so ein dummes Zeug redet.[258]

Karola Bloch *(1905–1994), Architektin, Publizistin, Jüdin und Kommunistin. Gemeinsam mit ihrem Mann, dem Sozialphilosophen Ernst Bloch (1885–1977), eng befreundet mit Rudi Dutschke.*

Helmut Gollwitzer *(1908–1993), Professor für Theologie an der FU Berlin, Schriftsteller, christlicher Sozialist. Gemeinsam mit seiner Frau Brigitte Gollwitzer (1922 bis 1986), eng befreundet mit Rudi Dutschke.*

Gollwitzer hat Ulrike Meinhof in der Haft besucht und sowohl bei ihrer Beerdigung als auch bei der von Rudi Dutschke eine der Trauerreden gehalten.

Anhang

Anmerkungen

1 Günter Gaus im Gespräch mit Rudi Dutschke, Sendereihe »Zu Protokoll – Rudi Dutschke«, SWF/ARD, 3.12.1967

2 Vgl. Jutta Ditfurth: *Ulrike Meinhof. Die Biografie*, Berlin: Ullstein 2007

3 Zit. nach Ulrich Chaussy: *Die drei Leben des Rudi Dutschke. Eine Biografie*, Zürich: Pendo Verlag 1999, S. 8

4 Renate Riemeck: *Ich bin ein Mensch für mich – Aus einem unbequemen Leben*, Stuttgart: Verlag Urachhaus Johannes M. Mayer GmbH 1992. Eine ausführliche Auseinandersetzung mit den verschwiegenen Abschnitten von Riemecks Biografie findet sich in: Jutta Ditfurth: *Ulrike Meinhof*, a.a.O., S. 34–66, 113/114, 163/154

5 Chaussy, a.a.O, S. 200

6 Klaus Schütz auf dem SPD-Parteitag in Westberlin am 11.2.1968, zit. nach: Chaussy, a.a.O., S. 203

7 Zit. nach Chaussy, a.a.O., S. 9

8 Gretchen Dutschke: »*Wir hatten ein barbarisches, schönes Leben*«. *Rudi Dutschke, eine Biografie*, Köln: Kiepenheuer & Witsch 1996, S. 195/196

9 Zit. nach Chaussy, a.a.O., S. 10

10 Zit. nach Chaussy, a.a.O., S. 352, Anm. 4

11 Chaussy, a.a.O., S. 246/247

12 Zit. nach Chaussy, a.a.O., S. 11/12

13 Stefan Aust: *Der Baader-Meinhof-Komplex,* erweiterte und aktualisierte Auflage, München: Wilhelm Goldmann Verlag 1998, S. 68/69

14 Ulrike Meinhof, Äußerungen gegenüber einer Freundin im September 1968

15 Zit. nach Chaussy, a.a.O., S. 249/250

16 Pressemitteilung des SDS Westberlin v. 11.4.1968, zit. nach: Tilman Fichter, Siegward Lönnendonker: *Kleine Geschichte des SDS. Der Sozialistische Studentenbund von 1946 bis zur Selbstauflösung*, Berlin: Rotbuch Verlag, 2. unveränd. Auflage 1979 (1977), S. 127

17 Rudi Dutschke an Herbert Marcuse 1967, Nachlass, zit. nach Michaela Karl: *Rudi Dutschke. Revolutionär ohne Revolution*, Frankfurt/Main: Verlag Neue Kritik 2003, S. 207, Fußnote 594

18 Ebenda, Fußnote 595

19 Rudi Dutschke in: Wolfgang Venohr: *Porträt Rudi Dutschke*, gedreht Anfang April, 1968 gesendet am 19.4.1968

20 Klaus Meschkat »Beitrag zur Rudi-Dutschke-Konferenz der Heinrich Böll Stiftung« am 21.1.2000, abgedruckt in: *Das Argument* Nr. 238, 42. Jahrgang, Heft 5/6 2000, S. 859–865

21 Rudi Dutschke, Tagebuch, März 1968, letzte Eintragung vor dem Attentat. So zu lesen in: Rudi Dutschke: *Mein langer Marsch. Reden, Schriften und Tagebücher aus zwanzig Jahren*, hrsg. v. Gretchen Dutschke-Klotz, Helmut Gollwitzer, Jürgen Miermeister, Reinbek: Rowohlt Taschenbuch 1980, S. 127. Im Tagebuch, herausgegeben von Gretchen Dutschke, findet sich dieser Eintrag nicht, dafür einer vom 10.4.1968, vgl.: Rudi Dutschke: *Jeder hat sein Leben ganz zu leben. Die Tagebücher 1963–1979*, hrsg. v. Gretchen Dutschke, Köln: Kiepenheuer & Witsch 2003, S. 71/71

22 Ulrich Chaussy, Interview mit Gaston Salvatore, Juli 1980, vgl. Chaussy, a.a.O., S. 221 und 370

23 Klaus Rainer Röhl: *Fünf Finger sind keine Faust*, München: Universitas Verlag 1998 (1974), S. 221

24 Ab Januar 1967 findet sich Stefan Aust im *konkret*-Impressum mit der Funktion »Layout«, ab Mai 1967 zuständig für »Produktion«, ab Juni 1968 für »Produktion und Layout«, er schrieb nun auch gelegentlich Beiträge. Ab September 1968, mit der Umstellung auf 14-tägiges Erscheinen, wird er für vier Monate »Geschäftsführender Redakteur«. Ab Februar 1969 erscheint er nicht mehr im Impressum.

25 Näheres: Jutta Ditfurth: *Ulrike Meinhof*, a.a.O., S. 26; Quelle:

N.N. [vermutlich Rudolf Schultz] »Gedächtnisprotokoll«, S. 1–7; in: SAPMO-Barch BY 1/KPD unbearbeitet (Abt. Jugend)

26   Ulrike Meinhof im Mai 1968 gegenüber einer Freundin

27   Zit. nach Archiv-Band SFB 900 597 v. 12.4.1968, so zit. in: Chaussy, a.a.O., S. 255 und Fußnote 226 (S. 370)

28   Rudi Dutschke: *Aufrecht gehen, a.a.O.*, S. 97 f.

29   Robert Jungk: *Heller als tausend Sonnen*, Reinbek bei Hamburg: Rowohlt 1964

30   Robert Jungk, a.a.O., S. 313 f.; zit. nach Hans Karl Rupp: *Außerparlamentarische Opposition in der Ära Adenauer. Der Kampf gegen die Atombewaffnung in den fünfziger Jahren.* Eine Studie zur innenpolitischen Entwicklung der BRD, Köln: Pahl-Rugenstein Verlag 1984, S. 85, Anm. 420

31   Ulrike Meinhof: »Kommilitoninnen! Kommilitonen!«, Flugblatt, Aufruf zu Kundgebung und Schweigemarsch am 20. Mai 1958 in Münster/Westf. Studentischer Arbeitskreis für ein kernwaffenfreies Deutschland Münster/Westf. (Hrsg.)

32   Ulrike Meinhof: »Der Studentenkongress gegen Atomrüstung in Berlin«, in: *Blätter für deutsche und internationale Politik*, 4. Jg., 25.1.1959, S. 57

33   Hartmut Soell: *Helmut Schmidt 1918–1969. Vernunft und Leidenschaft*, München: Deutsche Verlags-Anstalt 2003, S. 312/313

34   Meinhof: »Der Studentenkongress gegen Atomrüstung in Berlin«, a.a.O., S. 58

35   Attacke gegen *konkret* vom Bulletin der CDU-Bundesregierung. Vgl. Bulletin des Presse- und Informationsamts der Bundesregierung, Nr. 40 v. 28.2.1959, S. 379; in: SAPMO-Barch, BY 1/KPD unbearbeitet (Abteilung Jugend)

36   Erich Kuby: »Was war in Berlin wirklich los?«, Leserbrief in: *Vorwärts* v. 23.1.1958

37   vom 23. bis 25. Mai 1959 in Frankfurt am Main

38   Rudi Dutschke an seinen Schuldirektor, handschriftliche Erklärung v. 4.2.1958, zit. nach Chaussy, a.a.O., S. 26

39   Gruppe SPUR: »Manifest«, Faksimile in: Wolfgang Kraushaar (Hrsg.): *Frankfurter Schule und Studentenbewegung.*

Von der Flaschenpost zum Molotowcocktail 1946 bis 1995. Band 1: Chronik, Hamburg: Rogner & Bernhard GmbH & Co. Verlags KG. 1998 (1. Aufl.), S. 142; dort auch: S. 168

40   Bernd Rabehl, zit. nach Chaussy, a.a.O., S. 43

41   Ulrike Meinhof: »Eine neue Linke«, in: *konkret* 6/1962, S. 9

42   Ebenda

43   Rudi Dutschke: *Jeder hat sein Leben ganz zu leben. Die Tagebücher 1963–1979*, hrsg. v. Gretchen Dutschke, Köln: Kiepenheuer & Witsch 2003, Tagebucheintrag v. (ohne Datum) 1965, S. 32

44   Ulrike Meinhof: »Ein Mann mit guten Manieren. Ein Tag im Karl-Wolff-Prozeß«, in: *konkret* 9/1964, S. 15–17

45   Chaussy, a.a.O., S. 42/43

46   Rudi Dutschke: *Versuch, Lenin auf die Füße zu stellen. Über den halbasiatischen und den westeuropäischen Weg zum Sozialismus. Lenin, Lukács und die Dritte Internationale*, Westberlin: Klaus Wagenbach Verlag 1974

47   Rudi Dutschke: »Ermordetes Leben. Im Gedenken an die Genossin Elisabeth Käsemann«, in: *Chile-Nachrichten* Nr. 50, 1. Juli 1977, S. 7/8, nachgedruckt in: Rudi Dutschke: *Geschichte ist machbar. Texte über das herrschende Falsche und die Radikalität des Friedens*, hrsg. v. Jürgen Miermeister, Westberlin: Verlag Klaus Wagenbach 1980, S. 172–174 und 189; hier: S. 173

48   Rudi Dutschke [A. Joffe]: »Es gibt noch keinen Sozialismus auf der Erde«, in: *Anschlag* 1 [Zeitung der Subversiven Aktion Westberlin], Westberlin August 1964, nachgedruckt in: Frank Böckelmann u. Herbert Nagel (Hrsg.): *Subversive Aktion. Der Sinn der Organisation ist ihr Scheitern.* Frankfurt/ Main: Neue Kritik 1976, S. 168–174

49   Rudi Dutschke: »Ermordetes Leben. Im Gedenken an die Genossin Elisabeth Käsemann«, a.a.O.

50   Chaussy, a.a.O., S. 58

51   Lenin Bd. 31, 1959, S. 29, so zitiert in: Rudi Dutschke [A. Joffe]: »Es gibt noch keinen Sozialismus auf der Erde«, a.a.O.

52   Ebenda

53   Chaussy, a.a.O., S. 62–64

54 Zitate aus: *Politische Morde (1). Patrice Lumumba – Eine afrikanische Tragödie;* Film von Thomas Giefer, ARD 1.11.2000, 23.45 Uhr

55 Ebenda

56 Rudi Dutschke: *Jeder hat sein Leben ganz zu leben,* a.a.O., S. 23/24

57 Gretchen Dutschke: »*Wir hatten ein barbarisches, schönes Leben*«, a.a.O., S. 61

58 Rudi Dutschke: Referat auf dem Kongress in Hannover am 9.6.1967, in: Bernward Vesper (Hrsg.): *Bedingungen und Organisation des Widerstandes. Der Kongress in Hannover. Protokolle, Flugblätter, Resolutionen,* Westberlin: Voltaire Verlag 1967, S. 79

59 Chaussy, a.a.O., S. 68

60 Rudi Dutschke: »Genehmigte Demonstrationen müssen in die Illegalität überführt werden« [Brief zum Münchner Konzil der »Subversiven Aktion«, April 1965]; zit. nach Rudi Dutschke: *Geschichte ist machbar,* a.a.O., S. 27–38 und 189; hier: 33

61 Rudi Dutschke: »Genehmigte Demonstrationen müssen in die Illegalität überführt werden«, a.a.O., hier: 34

62 Chaussy, a.a.O., S. 40

63 Herbert Marcuse: »Some Social Implications of Technology«, in: *Zeitschrift für Sozialforschung* 1941, S. 21/22

64 Chaussy, a.a.O., S. 79

65 Klaus Meschkat: »Beitrag zur Rudi-Dutschke-Konferenz der Heinrich Böll Stiftung« am 21.1.2000, abgedruckt in: *Das Argument* Nr. 238, 42. Jahrgang, Heft 5/6 2000, S. 859 bis 865

66 Ebenda

67 *Die Welt* v. 27.4.1965

68 *dpa* v. 11.8.1966

69 Werner Balsen, Karl Rössel: *Hoch die internationale Solidarität. Zur Geschichte der Dritten-Welt-Bewegung in der Bundesrepublik,* Köln: Kölner Volksblatt Verlag (1986), S. 154

70 Klaus Meschkat, a.a.O., S. 859–865

71 Zit. nach Chaussy, a.a.O., S. 122

72 Ulrike Meinhof: »Offener Brief an Farah Diba«, in: *konkret* Nr. 6/1967, S. 21/22

73 Ebenda

74 Bahman Nirumand: *Persien, Modell eines Entwicklungslandes oder Die Diktatur der Freien Welt*, mit einem Nachwort von Hans Magnus Enzensberger, Reinbek bei Hamburg: Rowohlt Taschenbuch Verlag 1967

75 Fritz J. Raddatz: Leserbrief in: *konkret* Nr. 7/1967, S. 4

76 Ulrike Meinhof: »Der Putsch – ein Lehrstück«, in: *konkret* Nr. 6/1967, S. 2

77 Ebenda

78 Ulrike Meinhof: »›Lieber Spiegel-Leser‹ – Brief von Rudolf Augstein« und »Leserbriefe« [vorgeblich im *Spiegel*] innerhalb des Teils: »Political Fiction: ›Spiegel an Springer verkauft‹«, in: *konkret* 6/1967, S. 48–51

79 So Karl-Hermann Flach in der *Frankfurter Rundschau*, Nachdruck in *konkret* 7/1967, S. 6

80 Interview mit Rudi Dutschke: »Zwischen Mao und Ulbricht. Zwei Interviews zur Situation der politischen Linken in der Bundesrepublik« [der zweite Interviewte ist Manfred Kapluck von der illegalen KPD], in: *konkret* Nr. 6/1967, S. 24–26. Dass er Rudi Dutschke erst danach persönlich kennenlernte, schreibt Röhl selbst. Vgl. Röhl: *Fünf Finger sind keine Faust*, a.a.O., 1998, S. 205

81 Röhl: *Fünf Finger sind keine Faust*, a.a.O., 1998, S. 205f.

82 Klaus Hübner: *Einsatz. Erinnerungen des Berliner Polizeipräsidenten 1969–1987*, Berlin: Jaron Verlag 1997, S. 50

83 Kurt Neubauer, zit. in Hübner, a.a.O., S. 68

84 Hübner, a.a.O., S. 87

85 *Telegraf* v. 22.11.1952, zit. nach Peter Damerow u.a.: »Der nicht erklärte Notstand. Dokumentation und Analyse eines Berliner Sommers«, in: Hans Magnus Enzensberger (Hrsg.): *Kursbuch* 12, Frankfurt/Main: Suhrkamp 1968, S. 2–34, hier: S. 6

86 Damerow, a.a.O., S. 2–34, S. 6

87 *Deutsche Polizei* (Ausgabe Berlin), Februar 1967; zit. in: a.a.O., S. 2–34

88   Peter Brückner: *Ulrike Meinhof und die deutschen Verhält-*
      nisse, Westberlin: Verlag Klaus Wagenbach 1987 (1976), S. 76

89   Hübner, a.a.O., S. 91

90   Kai Hermann: »Elf kleine Oswalds«, in: *Die Zeit* Nr. 15 v.
      14.4.1967, nach: www.infopartisan.net/archive/1967/266704.
      html

91   Ulrike Marie Meinhof: »Napalm und Pudding«, in: *konkret*
      5/1967, S. 2/3

92   Nationalrat der Nationalen Front der DDR/Dokumentations-
      zentrum der Staatlichen Archivverwaltung der DDR (Hrsg.):
      Braunbuch. Kriegs- und Naziverbrecher in der Bundesrepub-
      lik. Staat, Wirtschaft, Armee, Verwaltung, Justiz, Wissen-
      schaft, Berlin: Staatsverlag der DDR 1965 (3. Aufl. 1968), S.
      94. Siehe auch: http://www.braunbuch.de/3-00.shtml; und:
      Uwe Soukup: *Wie starb Benno Ohnesorg? Der 2. Juni 1967*,
      Berlin: Verlag 1900, 2007, S. 22/23 und S. 26/27

93   Hübner, a.a.O., S. 116

94   Nationalrat der Nationalen Front der DDR, a.a.O.

95   *Der Spiegel* v. 17.6.1967, zit. nach Damerow, a.a.O., S. 4

96   Rudi Dutschke und Gaston Salvatore [alias R.S.]: »Der Schah
      ist tot – Farah geschändet!«, in: *Oberbaumblatt*, hrsg. v.
      Hartmut Sander, Nr. 1, Westberlin: Oberbaumpresse v.
      1.6.1967. Wer sich hinter dem Pseudonym R.S. verbarg, sagt
      Gretchen Dutschke: *»Wir hatten ein barbarisches, schönes*
      Leben«, a.a.O., S. 125

97   Rudi Dutschke und Gaston Salvatore [alias R.S.]: »Der Schah
      ist tot – Farah geschändet!«, a.a.O.

98   Hübner, a.a.O., S. 49

99   Soukup, a.a.O., S. 43 und 36

100   *Frankfurter Allgemeine Zeitung* v. 12.6.1967; zit. nach Sou-
      kup, a.a.O., S. 56

101   Sebastian Haffner: »Die Nacht der langen Knüppel«, *stern*
      26/1967, nachgedruckt in: ders.: *Zwischen den Kriegen. Es-*
      says zur Zeitgeschichte, München: Droemersche Verlagsan-
      stalt Th. Knaur, Nachf. 2001 (Originalausgabe Berlin: Verlag
      1900 1997), S. 298–301

102   Vgl. Soukup, a.a.O., S. 134–138

103 Jürgen Habermas, Referat auf dem Kongress in Hannover am 9.6.1967, a.a.O., S. 100 f.

104 Rudi Dutschke, Referat auf dem Kongress in Hannover am 9.6.1967, a.a.O., S. 78 f.

105 Rudi Dutschke: *Jeder hat sein Leben ganz zu leben*, a.a.O., Tagebucheintrag v. 10.6.1967, S. 44/45

106 Peter Brückner: Diskussionsbeitrag auf dem Kongress in Hannover am 9.6.1967, in: Bernward Vesper (Hrsg.): *Der Kongress in Hannover*, a.a.O., S. 74 f.

107 Vermutlich: Ulrike Meinhof: »Student und Presse. Der vorweggenommene Polizeistaat« Radio-Feature, WDR/SR, 13.2. 1968

108 Rudi Dutschke: *Jeder hat sein Leben ganz zu leben*, a.a.O., Tagebucheintrag v. 3.6.1967, S. 39

109 Ebenda, S. 41

110 Ebenda, S. 41

111 Reinhart Baumgart: *Damals. Ein Leben in Deutschland*, München 2003, zit. nach: http://print.perlentaucher.de vom 2.2.2004

112 Gretchen Dutschke: *»Wir hatten ein barbarisches, schönes Leben«*, a.a.O., S. 153 f.

113 Rudi Dutschke: *Jeder hat sein Leben ganz zu leben*, a.a.O., Eintrag 11.–13.9.1967, S. 62

114 Gespräch mit Sibilla Melega-Feltrinelli am 24.12.2005 in Oberhof/Kärnten

115 Rudi Dutschke und Gaston Salvatore: Vorwort in: Che Guevara: *Schaffen wir zwei, drei, viele Vietnam. Brief an das Exekutivsekretariat von OSPAAL* [Organisation der Solidarität der Völker Afrikas, Asiens und Lateinamerikas]. Eingeleitet u. übersetzt von Gaston Salvatore und Rudi Dutschke, Kleine Revolutionäre Bibliothek Nr. 1, Westberlin: Oberbaumpresse 1967 [Original: »Mesaje a la Tricontinental«, Havanna 1967]

116 Che Guevara: *Schaffen wir zwei, drei, viele Vietnam*, a.a.O.

117 Frantz Fanon: *Die Verdammten dieser Erde*, Frankfurt/Main: Suhrkamp 1966 (dt. Erstausgabe); Rudi Dutschke: *Jeder hat sein Leben ganz zu leben*, a.a.O., Tagebucheintrag v. 15.6.1967, S. 51

118 Herbert Marcuse: *Das Ende der Utopie. Herbert Marcuse diskutiert mit Studenten und Professoren Westberlins an der Freien Universität Berlin über die Möglichkeiten und Chancen einer politischen Opposition in den Metropolen in Zusammenhang mit den Befreiungsbewegungen in den Ländern der Dritten Welt,* Westberlin: Verlag v. Maikowski 1967

119 Herbert Marcuse und Karl Popper: *Revolution oder Form? Eine Konfrontation,* hrsg. v. Franz Stark, München: Kösel-Verlag 1971, S. 4

120 Vgl. Chaussy, a.a.O., S. 183 f.

121 Zit. nach Chaussy, a.a.O., S. 184

122 Zit. nach Chaussy, a.a.O., S. 184

123 Herbert Marcuse: »Repressive Toleranz«, in: Robert Paul Wolff, Barrington Moore, Herbert Marcuse: *Kritik der reinen Toleranz* (dt. Erstausgabe: 1966, US-Originalausgabe 1964), Frankfurt/Main: Suhrkamp Verlag 1970, S. 120

124 Marcuse: »Repressive Toleranz«, a.a.O., S. 97

125 Marcuse: »Repressive Toleranz«, a.a.O., S. 94

126 Marcuse: »Repressive Toleranz«, a.a.O., S. 127 f.

127 Rudi Dutschke beim Vortrag Herbert Marcuses vermutlich am 10. Juli 1967 im Audimax der FU; zit. nach Chaussy, a. a. O., S. 185

128 Rudi Dutschke: *Jeder hat sein Leben ganz zu leben,* a.a.O., Tagebucheintrag v. 13.6.1967, S. 48

129 Ebenda, S. 51

130 Ebenda, S. 50

131 Ebenda, S. 50

132 Rudi Dutschke und Hans-Jürgen Krahl: »Organisationsreferat« [verbreitet unter dem nicht von den Verfassern gewählten Titel: »Das Sich-Verweigern erfordert Guerilla-Mentalität«], vorgetragen am 5.9.1967 auf der 22. Delegiertenkonferenz des SDS in der Frankfurter Mensa. Quelle: Glasnost Textarchiv: http://www.infopartisan.net/archive/1967/ 266716.html

133 Röhl: *Fünf Finger sind keine Faust,* a.a.O., 1998, S. 204

134 Ulrike Meinhof im Interview, zit. nach: Regina Leßner: »Ulrike Meinhof. Versuch einer Annäherung«, Hörfunk-Feature, SFB/ORB mit NDR 2001

135 Ulrike Meinhof: »Enteignet Springer«, in: *konkret* 9/1967, S. 2/3

136 Siehe auch Rudi Dutschke: *Jeder hat sein Leben ganz zu leben,* a.a.O., Eintrag Kampen (Sylt) v. 6.10.1967, S. 63

137 E-Mail von Gretchen Dutschke an die Autorin v. 14.8.2003

138 Bettina Röhl: *So macht Kommunismus Spaß! Ulrike Meinhof, Klaus Rainer Röhl und die Akte konkret,* Hamburg: EVA Europäische Verlagsanstalt 2006, S. 544 f.

139 Bettina Röhl, a.a.O., S. 522

140 Helmut Schilinski, zit. nach Gretchen Dutschke: *»Wir hatten ein barbarisches, schönes Leben«,* a.a.O., S. 155

141 Zit. nach Röhl: *Fünf Finger sind keine Faust,* a.a.O., 1998, S. 231

142 Zit. nach Klaus Rainer Röhl: *Fünf Finger sind keine Faust.* Köln: Kiepenheuer & Witsch 1974, S. 285/286.

143 *Telegraf* v. 22.11.1952, zit. nach Damerow, a.a.O., S. 2–34, hier: S. 6

144 Rudi Dutschke: *Jeder hat sein Leben ganz zu leben,* a.a.O., Tagebucheintrag vom 24.11.1967, S. 65

145 Hans Werner Henze: *Reiselieder mit böhmischen Quinten. Autobiografische Mitteilungen 1926–1995,* Frankfurt/Main: S. Fischer Verlag 1996, S. 287

146 Ebenda

147 Henze, a.a.O., S. 288

148 Henze, a.a.O., S. 289

149 Günter Gaus im Gespräch mit Rudi Dutschke, Sendereihe »Zu Protokoll – Rudi Dutschke«, SWF/ARD, 3.12.1967

150 E-Mail von Hermann L. Gremliza an die Autorin, 22.1.2008

151 Gretchen Dutschke: *»Wir hatten ein barbarisches, schönes Leben«,* a.a.O., S. 171/172

152 Chaussy, a.a.O., S. 198

153 Peter Rühmkorf: *Die Jahre, die ihr kennt. Anfälle und Erinnerungen.* Reinbek bei Hamburg: Rowohlt Taschenbuch Verlag 1972, S. 60

154 So erinnert sich Gretchen Dutschke. Vgl. Gretchen Dutschke: *»Wir hatten ein barbarisches, schönes Leben«,* a.a.O., S. 173

155 *Frankfurter Rundschau* v. 23.3.1968, zit. nach Gretchen

Dutschke: »*Wir hatten ein barbarisches, schönes Leben*«, a. a. O., S. 173

156 Wilhelm Bittorf: »Träume im Kopf, Sturm auf den Straßen«, in: *Spiegel Spezial*: »Die wilden 68er. Die *Spiegel*-Serie über die Studentenrevolution«, Juni 1988, 2. Auflage, S. 5

157 Rudi Dutschke: *Aufrecht gehen*, a.a.O., S. 199

158 Der SDS-Bundesvorstand hatte Anfang 1968 beschlossen: »Alle Organisationen, die sich entschlossen haben, gegen den Imperialismus zu kämpfen, müssen eine Einheitsfront aufbauen, um den endgültigen Sieg der vietnamesischen Revolution zu erreichen.« Zit. nach Chaussy, a.a.O., S. 210

159 Gretchen Dutschke: »*Wir hatten ein barbarisches, schönes Leben*«, a.a.O., S. 178

160 Ebenda, S. 180

161 Ebenda, S. 188

162 Rudi Dutschke im Interview mit Valerio Riva und Claudio Pozzoli, Frühjahr 1978, Zit. nach Chaussy, a.a.O., S. 215

163 Elke Regehr: »Die Zerreißprobe zwischen Kunst und Politik«, in: Ute Kätzel: *Die 68erinnen. Porträt einer rebellischen Frauengeneration*, Berlin: Rowohlt 2002, S. 87–89

164 Klaus Steffens: »SDS-Vietnamkongress Westberlin«, Bericht v. 17./18.2.1968, Bundesarchiv Berlin SAPMO-Barch BY 1/ KPD unbearbeitet (Abt. Jugend)

165 Ulrike Meinhof: »Vietnam und die Deutschen«, in: *konkret* 11/1967, S. 2/3

166 Vgl. Soukup, a.a.O., S. 253

167 Wolfgang Dreßen, Sibylle Plogstedt, Gerhart Rott: »Vorwort«, in: *Der Internationale Vietnamkongress 1968. Redebeiträge und Erklärungen*, Berlin: Verlag kommunistischer Kampf 1998, S. 5

168 Zit. nach Gretchen Dutschke: »*Wir hatten ein barbarisches, schönes Leben*«, a.a.O., S. 181

169 Ebenda, S. 182

170 Carlo Feltrinelli: *Senior Service. Das Leben meines Vaters*, München/Wien: Carl Hanser Verlag 2001, S. 447

171 Rudi Dutschke: »Die geschichtlichen Bedingungen für den internationalen Emanzipationskampf«, in: *Der Internationa-*

le Vietnamkongress 1968. Redebeiträge und Erklärungen, Berlin: Verlag kommunistischer Kampf 1998, S. 107–124

172 Vgl. verschiedene Dossiers, Verfasser vermutlich Erich Rau, Sekretär des Zentralrats der FDJ, in: Bundesarchiv Berlin, SAPMO, Nachlass Albert Norden DY/30/IV 2/2.028, Aktenband 107

173 Vgl. Ulrike Meinhof »Gegen-Gewalt«, in: *konkret* 2/1968, S. 2/3 und ihre Satire »Wasserwerfer – auch gegen Frauen«, in: *konkret* 4/1968, S. 36–40

174 Ulrike Meinhof: »Falsches Bewusstsein«, in: Christa Rotzoll: *Emanzipation und Ehe*, München: Delp'sche Verlagsbuchhandlung 1968, S. 33–50

175 Ulrike Meinhof: »Jürgen Bartsch und die Gesellschaft«, in: *konkret* 1/1968, S. 2/3

176 Klaus Wagenbach: »Nachwort«, in: Ulrike Meinhof: *Die Würde des Menschen ist antastbar. Aufsätze und Polemiken*, Westberlin: Verlag Klaus Wagenbach 1992, S. 188

177 Gretchen Dutschke: *»Wir hatten ein barbarisches, schönes Leben«*, a.a.O., S. 187

178 *Bild*-Zeitung v. 7.2.1968, zit. nach Karl A. Otto (Hrsg.): *APO. Außerparlamentarische Opposition in Quellen und Dokumenten (1960–1970)*, Köln: Pahl-Rugenstein 1989, S. 261

179 Zit. nach *Briefe an Rudi D.*, hrsg. v. Stefan Reisner, Voltaire Flugschrift 19, Frankfurt/Main: Edition Voltaire Sept. 1968, Nachwort, S. 91

180 Parolen z.B. in: Fichter / Lönnendonker, a.a.O., S. 126; Gretchen Dutschke: *»Wir hatten ein barbarisches, schönes Leben«*, a.a.O., S. 188 f.

181 Hans Magnus Enzensberger: »Eine neue Phase des Kampfes«, in: *konkret* 5/1967, S. 11

182 Werner Balsen, Karl Rössel, a.a.O., S. 208/209

183 Gretchen Dutschke: *»Wir hatten ein barbarisches, schönes Leben«*, a.a.O., S. 189

184 Ebenda, S. 192

185 Horst Mahler [und Bernd Rabehl], zit. nach Johannes Agnoli: »Kurze Studie über einen Fall. Zur ›Kanonischen Erklärung‹ von Horst Mahler«, in: *Jungle World* v. 17.2.1999

186 Johannes Agnoli a.a.O.

187 Rudi Dutschke: *Jeder hat sein Leben ganz zu leben*, a.a.O., Tagebucheintrag v. 10.4.1968 (Berlin), S. 70/71

188 Ebenda

189 Faksimile in: Rudi Dutschke: *Die Revolte. Wurzeln und Spuren eines Aufbruchs*, hrsg. v. Gretchen Dutschke-Klotz, Jürgen Miermeister, Jürgen Treulieb, Reinbek bei Hamburg: Rowohlt Taschenbuch Verlag 1983, S. 207

190 Dale A. Smith: Beitrag auf dem Internationalen Vietnamkongress, in: SDS und Internationales Nachrichten- und Forschungs-Institut (INFI) (Hrsg.), a.a.O. S. 139–141

191 Ulrike Meinhof: »Vom Protest zum Widerstand«, in: *konkret* 5/1968, S. 5

192 Herbert Marcuse »Das Problem der Gewalt in der Opposition«, einschließlich der Diskussion, in: ders. *Das Ende der Utopie*, a.a.O., S. 47–82

193 Rudi Dutschke in der Podiumsdiskussion »Moral und Politik in der Übrflussgesellschaft«, in: Herbert Marcuse: *Das Ende der Utopie*, a.a.O., S. 116 f.

194 Ulrike Meinhof gegenüber einer Freundin im Mai 1968

195 Malcolm X: *The Autobiography of Malcolm X*, with the assistance of Alex Haley, New York: Grove Press 1966; deutsche Ausgabe: Alex Haley (Hrsg.): *Der schwarze Tribun. Malcolm X. Eine Autobiographie*, Frankfurt/Main: S. Fischer Verlag 1966

196 Ulrike Meinhof gegenüber einer Freundin im Mai 1968

197 Gretchen Dutschke: *»Wir hatten ein barbarisches, schönes Leben«*, a.a.O., S. 207

198 Vgl. Gerd Koenen: *Vesper, Ensslin, Baader. Urszenen des deutschen Terrorismus*, Köln: Kiepenheuer & Witsch 2003, S. 46

199 Vgl.: *Die Zeit* Nr. 3, 1970, S. 6; Claus Weiß »Grundgesetz und Demonstrationsdelikte«, in: *Gewerkschaftliche Monatshefte* Feb. 1970 21. Jg., Anm. 5

200 Rudi Dutschke: *Jeder hat sein Leben ganz zu leben*, a.a.O., Tagebucheintrag v. 22.8.1968 (Marino bei Rom), S. 79

201 Rudi Dutschke: »Ein Pamphlet«, Vorwort zu: ders.: *Briefe an*

Rudi D., hrsg. v. Stefan Reisner, Voltaire Flugschriften 19, Frankfurt/Main: Edition Voltaire Sept. 1968, S. I–XII

202   Rudi Dutschke: »Über das Attentat«, in: *konkret* 10/1967, S. 2 und S. 4

203   Bernward Vesper: *Die Reise. Romanessay,* nach dem unvollendeten Manuskript herausgegeben und mit einer Editions-Chronologie versehen von Jörg Schröder. Jossa: März-Verlag KG 1977, S. 144/145

204   Ebenda

205   Rudi Dutschke: »Ein Pamphlet«, a.a.O., S. II

206   Ebenda, S. I–X

207   Ebenda, S. X

208   Ebenda, S. I–X

209   Rudi Dutschke: *Jeder hat sein Leben ganz zu leben,* a.a.O., Tagebucheintrag v. 22.8.1968 (Marino bei Rom), S. 78 f.

210   Gretchen Dutschke: *»Wir hatten ein barbarisches, schönes Leben«,* a.a.O., S. 207

211   Rudi Dutschke: *Aufrecht gehen, a.a.O.,* S. 98

212   Gretchen Dutschke: *»Wir hatten ein barbarisches, schönes Leben«,* a.a.O., S. 207

213   Rudi Dutschke: *Jeder hat sein Leben ganz zu leben,* a.a.O., Tagebucheintrag v. 21.8.1968 (Marino bei Rom), S. 79

214   Ebenda

215   Rudi Dutschke: »Ein Pamphlet«, a.a.O., S. VIII

216   Ebenda

217   Heinz Geggel an Albert Norden, Ergänzung zur Information über Rudi Dutschke v. 10.11.1967, v. 23.11.1967, Anlage zum Brief von Heinz Geggel an Albert Norden, Hausmitteilung v. 24.11.1967, in: Bundesarchiv Berlin, Nachlass Albert Norden DY/30/IV 2/2.028

218   Heinz Geggel an Albert Norden, Hausmitteilung v. 24.1.1967, in: Bundesarchiv Berlin, a.a.O.

219   Ulrike Marie Meinhof: »Der Schock muss aufgearbeitet werden«, in: *konkret Extra* (geschrieben am 21. August 1968 für das Prag-Flugblatt von *konkret),* nachgedruckt in: N. Weißenborn (Hrsg.): *Prag und die Linke.* Hamburg: konkret Verlag Klaus Rainer Röhl 1968, S. 58–60

220 Erich Kuby: »Hoffnung Prag«, in: *konkret Extra* (geschrieben am 21. August 1968 für das Prag-Flugblatt von *konkret),* in: Weißenborn, a.a.O., S. 12

221 Ulrike Meinhof: »Der Papst – die Pille«, in: *konkret* 9/1968, S. 2

222 Bundesarchiv Berlin SAPMO-Barch BY 1/KPD unbearbeitet (Abt. Jugend)

223 Ebenda

224 Georg W. Alsheimer [Erich Wulff]: *Vietnamesische Lehrjahre. Bericht eines Arztes aus Vietnam 1961–1967*, Frankfurt/Main: Suhrkamp 1968

225 Erich Adalbert Wulff: *Irrfahrten. Autobiografie eines Psychiaters*, Bonn: Psychiatrie Verlag 2001

226 Bundesarchiv Berlin SAPMO-Barch BY 1/KPD unbearbeitet (Abt. Jugend)

227 Karl Dietrich Wolff: »Unser Widerstand beginnt erst«, Rede auf der Abschlusskundgebung des Sternmarschs der Notstandsgegner am 11.5.1968 in Bonn, in: *Extra-Dienst* v. 18.5.1968 (Westberlin)

228 Ulrike Meinhof: »Notstand? Notstand!«, in: *konkret* 18/1960, S. 1

229 Fichter / Lönnendonker, a.a.O., S. 136

230 *Extra-Dienst* v. 11. und 14.12. 1968; http://www.infopartisan. net/archive/1967/266799.html

231 Johannes Agnoli zit. nach Wortprotokoll, in: *Extra-Dienst* v. 11. und 14.12.1968; http://www.infopartisan.net/archive/ 1967/266799.html, gefunden: 26.3.2005

232 Chaussy, a.a.O., S. 293

233 Herbert Marcuse an Theodor W. Adorno, Brief v. 5.4.1969 aus La Jolla/Cal., zit. nach: Rolf Wiggershaus: *Die Frankfurter Schule*, München: Deutscher Taschenbuch Verlag 1988, S. 702 f.

234 Herbert Marcuse an Theodor W. Adorno, Brief v. 4.6.1969 aus London, zit. nach: Rolf Wiggershaus, a.a.O., S. 704

235 Gretchen Dutschke: »*Wir hatten ein barbarisches, schönes Leben«,* a.a.O., S. 223

236 Ebenda, S. 239–240

237 Gretchen Dutschke-Klotz »Unser Leben«, in: Rudi Dutschke: *Aufrecht gehen. Eine fragmentarische Autobiografie*,
Westberlin: Verlag Olle & Wolter 1981, S. 21

238 Gretchen Dutschke: *»Wir hatten ein barbarisches, schönes
Leben«*, a.a.O., S. 223

239 Ebenda, S. 223 f.

240 Klaus Rainer Röhl: *Fünf Finger sind keine Faust.* Köln: Kiepenheuer & Witsch Verlag 1974, S.

241 Ebenda, S. 310/311

242 Ebenda, S. 324

243 Ulrike Marie Meinhof, Peter Homann, Reinhard Kahl, Jürgen Holtkamp, Karl Heinz Roth »Zur Situation von *konkret«*, in: *Rote Presse Korrespondenz* [der Studenten-, Schü-
ler- und Arbeiterbewegung], Nr. 11 v. 1. Mai 1969, S. 5/6

244 *Rote Presse Korrespondenz* 12/1969

245 Peter Weiss, Referat auf dem Vietnamkongress im Forum 3:
»Der antiimperialistische und antikapitalistische Kampf in
den kapitalistischen Ländern«, in: SDS und Internationales
Nachrichten- und Forschungs-Institut (INFI) (Hrsg.), a.a.O.,
S. 90

246 PAIGC = Partido Africano da Independencia da Guiné e
Cabo Verdo. Amilcar Cabral, Marxist, Generalsekretär der
PAIGC, geb. 12.9.1924 [andere: 1921], ermordet am
20.1.1973

247 Gretchen Dutschke: *»Wir hatten ein barbarisches, schönes
Leben«*, a.a.O., S. 237–239

248 Rudi Dutschke: *Jeder hat sein Leben ganz zu leben*, a.a.O.,
Tagebucheintrag v. 30.12.1969 (London), S. 113

249 Gretchen Dutschke-Klotz: »Unser Leben«, in: Dutschke:
Aufrecht gehen, a.a.O., S. 199

250 Rudi Dutschke: *Jeder hat sein Leben ganz zu leben*, a.a.O.,
Tagebucheintrag v. 23.6.1970 (London), S. 135

251 Sibilla Melega-Feltrinelli im Gespräch mit Jutta Ditfurth am
24.12.2005

252 Aussage des ehemaligen CIA-Agenten K. Barton Osborne
auf einer Pressekonferenz der Verteidiger am 23.7.1976 in
Frankfurt am Main, in: RAF/BRD, c/o Internationales Ko-

mitee zur Verteidigung politischer Gefangener in Westeuropa – Sektion BRD/Stuttgart (Hrsg.): *texte: der RAF*, Malmö (Schweden): Verlag Bo Cavefors 1. Aufl. Okt. 1977, S. 503–505

253 Rudi Dutschke: *Jeder hat sein Leben ganz zu leben*, a.a.O., S. 122

254 Nach: Chaussy, a.a.O., S. 299

255 Chaussy, a.a.O., S. 294–299

256 Rudi Dutschke: »Ermordetes Leben. Im Gedenken an die Genossin Elisabeth Käsemann«, in: *Chile-Nachrichten* Nr. 50, 1. Juli 1977, S. 7/8, nachgedruckt in: Rudi Dutschke: *Geschichte ist machbar*, a.a.O., S. 173 f.

257 Darstellung und Zitate nach: Gretchen Dutschke: *»Wir hatten ein barbarisches, schönes Leben«*, a.a.O., S. 476 f.

258 Zitate aus und Darstellung nach: *Aufrecht gehen. Rudi Dutschke – Spuren*. Ein Film von Helga Reidemeister, WDR 1988

Quellenverzeichnis

Archiv Jutta Ditfurth, Bestand Ulrike Meinhof,
Frankfurt/Main

Archiv »APO und soziale Bewegungen«
(APO-Archiv), Freie Universität Berlin

Bundesarchiv Berlin/SAPMO
– BY 1/KPD unbearb. (Abt. Jugend)
– Nachlass Friedrich K. Kaul DY/30/IV 2/2.028
  (versch. Aktenbände)
– Nachlass Albert Norden DY/30/IV 2/2.028
  (versch. Aktenbände)

Infopartisan Archiv (Berlin),
http://www.infopartisan.net

Empfohlene (Auto-)Biographien und Monographien

1. über/von Rudi Dutschke:

Chaussy, Ulrich: *Die drei Leben des Rudi Dutschke. Eine Biografie*, Zürich: Pendo Verlag 1999 (stark überarb. Neuausgabe)

Dutschke, Gretchen: *»Wir hatten ein barbarisches, schönes Leben«. Rudi Dutschke, eine Biografie*, Köln: Kiepenheuer & Witsch 1996

Dutschke, Rudi: *Aufrecht gehen. Eine fragmentarische Autobiografie*, Westberlin: Olle & Wolter 1981

Dutschke, Rudi: *Jeder hat sein Leben ganz zu leben. Die Tagebücher 1963–1979*, hrsg. v. Gretchen Dutschke, Köln: Kiepenheuer & Witsch 2003

Karl, Michaela: *Rudi Dutschke. Revolutionär ohne Revolution*, Frankfurt/Main: Verlag Neue Kritik 2003

Die bibliographischen Angaben aller Texte von Rudi Dutschke finden sich hier: Karl, Michaela: *Rudi Dutschke. Revolutionär ohne Revolution*, Frankfurt/Main: Verlag Neue Kritik 2003, S. 539–544

2. über Ulrike Meinhof:

Ditfurth, Jutta: *Ulrike Meinhof. Die Biografie*, Berlin: Ullstein 2007

Brückner, Peter: *Ulrike Meinhof und die deutschen Verhältnisse*, Westberlin: Verlag Klaus Wagenbach (1976) 1987

Krebs, Mario: *Ulrike Meinhof. Ein Leben im Widerspruch*, Reinbek bei Hamburg: Rowohlt Taschenbuch Verlag 1989

Die bibliographischen Angaben aller Texte von Ulrike Meinhof finden sich hier: www.jutta-ditfurth.de

Allgemeines
Literaturverzeichnis

Agnoli, Johannes / Brückner, Peter: *Die Transformation der Demokratie*, Westberlin: Voltaire Verlag 1967

Ali, Tariq: *Street Fighting Years. Autobiographie eines 68ers*, Köln: Neuer ISP Verlag 1998

Bakker Schut, Pieter: *Stammheim. Der Prozess gegen die Rote Armee Fraktion. Die notwendige Korrektur der herrschenden Meinung*, hrsg. v. Rote Hilfe, Kiel: Neuer Malik Verlag 1986 (Bonn: Pahl-Rugenstein 1997)

Balsen, Werner / Rössel, Karl: *Hoch die internationale Solidarität. Zur Geschichte der Dritten-Welt-Bewegung in der Bundesrepublik*, Köln: Kölner Volksblatt Verlag 1986

Black Power. Dokumentation. [Stokely Carmichael, Rap Brown, Malcolm X.], Auswahl, Übersetzung, Vorwort durch Arbeitsgemeinschaft Gretchen u. Rudi Dutschke, M. Hammer, J. Hoornweg, R. Jacob-Baur. G. A. Petermann (Hrsg.), Westberlin: Oberbaumpresse August 1967

Black Power. Ursachen des Guerilla-Kampfes in den Vereinigten Staaten. Zwei Analysen, hrsg. v. Bernward Vesper, Voltaire Flugschriften 14, aus dem Amerikanischen v. Gudrun Ensslin u. Urs Müller-Plantenberg, Westberlin: Voltaire Verlag 1967

Böckelmann, Frank / Nagel, Herbert (Hrsg.): *Subver-*

sive Aktion. Der Sinn der Organisation ist ihr Scheitern, Frankfurt/Main: Verlag Neue Kritik 1976

Brückner, Peter / Krovoza, Alfred: *Staatsfeinde. Innerstaatliche Feinderklärung in der BRD*, Westberlin: Verlag Klaus Wagenbach 1972

Cabral, Amilcar: *Die Revolution der Verdammten. Der Befreiungskampf in Guinea-Bissau,* hrsg. v. Hans U. Stauffer, Westberlin: Rotbuch Verlag 1974

Damerow, Peter / Furth, Peter / von Odo Greiff / Jordan, Maria / Schulz, Eberhard: »Der nicht erklärte Notstand – Dokumentation und Analyse eines Berliner Sommers«, in: Hans Magnus Enzensberger (Hrsg.): *Kursbuch* 12, Frankfurt/Main: Suhrkamp Verlag April 1968

Debray, Regis: *Revolution in der Revolution? Bewaffneter Kampf und politischer Kampf in Lateinamerika*, München: Trikont Verlag 1967

Dutschke, Rudi [A. Joffe]: »Es gibt noch keinen Sozialismus auf der Erde«, in: Subversive Aktion [Westberlin]: *Anschlag* 1, Westberlin August 1964

Dutschke, Rudi [A. Joffe]: »Diskussion: Das Verhältnis von Theorie und Praxis«, in: Subversive Aktion [Westberlin]: *Anschlag* 1, Westberlin August 1964

Dutschke, Rudi: Referat auf dem Kongress in Hannover am 9.6.1967, in: Bernward Vesper (Hrsg.): *Bedingungen und Organisation des Widerstandes. Der Kongress in Hannover. Protokolle, Flugblätter, Resolutionen*, Westberlin: Voltaire Verlag 1967, S. 78–82

Dutschke, Rudi / Krahl, Hans-Jürgen: »Organisationsreferat« [verbreitet unter: »Das Sich-Verweigern erfordert Guerilla-Mentalität«], 22. Delegiertenkonferenz des SDS am 5.9.1967 in Frankfurt/Main

Dutschke, Rudi / Gaus, Günter: »Rudi Dutschke. Zu Protokoll«. Fernsehinterview von Günter Gaus, Voltaire Flugschriften 17, Frankfurt/Main: Edition Voltaire 1968 [Günter Gaus im Gespräch mit Rudi Dutschke, Sendereihe »Zu Protokoll – Rudi Dutschke«, SWF/ARD, 3.12.1967]

Dutschke, Rudi: »Vorwort«, in: *Briefe an Rudi D.*, hrsg. v. Stefan Reisner, Voltaire Flugschriften 19, Frankfurt/Main: Edition Voltaire Sept. 1968

Dutschke, Rudi: *Ausgewählte und kommentierte Biographie des revolutionären Sozialismus von K. Marx bis in die Gegenwart*, Reihe Kleine Agitationsbroschüren Nr. 1, Heidelberg: Druck- und Verlagskooperative Heidelberg/Frankfurt/Berlin 1969

Dutschke, Rudi: *Versuch, Lenin auf die Füße zu stellen. Über den halbasiatischen und den westeuropäischen Weg zum Sozialismus. Lenin, Lukács und die Dritte Internationale*, Westberlin: Verlag Klaus Wagenbach 1974

Dutschke, Rudi: *Geschichte ist machbar. Texte über das herrschende Falsche und die Radikalität des Friedens*, hrsg. v. Jürgen Miermeister, Westberlin: Verlag Klaus Wagenbach 1980

Dutschke, Rudi: »Übergänge« [1980], in: Freimut Duve (Hrsg.): *Aufbrüche: Die Chronik der Republik 1961 bis 1986*, Reinbek bei Hamburg: Rowohlt Taschenbuch 1986, S. 726–730

Dutschke, Rudi: »Pfadfinder Herbert Marcuse und

die Neue Linke« [1980], in: Freimut Duve (Hrsg.): *Aufbrüche: Die Chronik der Republik 1961 bis 1986*, Reinbek bei Hamburg: Rowohlt Taschenbuch Verlag 1986, S. 731–732

Dutschke, Rudi: *Mein langer Marsch. Reden, Schriften und Tagebücher aus zwanzig Jahren*, hrsg. v. Gretchen Dutschke-Klotz / Helmut Gollwitzer / Jürgen Miermeister, Reinbek bei Hamburg: Rowohlt Taschenbuch Verlag 1980

Dutschke, Rudi: *Die Revolte. Wurzeln und Spuren eines Aufbruchs*, hrsg. v. Gretchen Dutschke-Klotz / Jürgen Miermeister / Jürgen Treulieb, Reinbek bei Hamburg: Rowohlt Taschenbuch Verlag 1983

Enzensberger, Hans Magnus: »Eine neue Phase des Kampfes«, in: *konkret* 5/1967

Enzensberger, Hans Magnus: *Staatsgefährliche Umtriebe. Politische Justiz in der Bundesrepublik*, Voltaire Flugschriften 11, hrsg. v. Bernward Vesper, Frankfurt/Main: Edition Voltaire 1968

Enzensberger, Hans Magnus / Michel, Karl Markus (Hrsg.): *Folter in der BRD. Zur Situation der Politischen Gefangenen*, Kursbuch 32, August 1973

Fanon, Frantz: *Die Verdammten dieser Erde,* Frankfurt/Main: Suhrkamp Verlag 1966

Feltrinelli, Carlo: *Senior Service. Das Leben meines Vaters,* München/Wien: Carl Hanser Verlag 2001

Fichter, Tilman / Lönnendonker, Siegward: *Kleine Geschichte des SDS. Der Sozialistische Studentenbund von 1946 bis zur Selbstauflösung*, Westberlin: Rotbuch Verlag (1977) 2. unveränd. Aufl. 1979

Fried, Erich: *Gedanken in und an Deutschland. Essays und Reden*, Wien/Zürich: Europaverlag 1988

Gaus, Günter: *Widersprüche. Erinnerungen eines linken Konservativen*, Berlin: Propyläen Verlag 2004

Guevara, Ernesto Che: *Schaffen wir zwei, drei, viele Vietnam. Brief an das Exekutivsekretariat von OSPAAL* [Organisation der Solidarität der Völker Afrikas, Asiens und Lateinamerikas]. Eingeleitet und übersetzt von Gaston Salvatore und Rudi Dutschke, Kleine Revolutionäre Bibliothek Nr. 1, Westberlin: Oberbaumpresse 1967 [Original: »Mesaje a la Tricontinental«, Havanna 1967]

Guevara, Ernesto Che: *Bolivianisches Tagebuch*, München: Trikont Verlag 1968

Henze, Hans Werner: *Reiselieder mit böhmischen Quinten. Autobiografische Mitteilungen 1926–1995*, Frankfurt/Main: S. Fischer Verlag 1996

Hermann, Kai: *Die Revolte der Studenten*, Hamburg: Christian Wegner Verlag 1968

Hübner, Klaus: *Einsatz. Erinnerungen des Berliner Polizeipräsidenten 1969–1987*, Berlin: Jaron Verlag 1997

Krahl, Hans-Jürgen: *Autoritäten und Revolution. Dialektik von bürgerlicher Emanzipation und proletarischer Revolution (1966–1970)*, Frankfurt/Main: Verlag Neue Kritik 1971

Krahl, Hans-Jürgen: *Konstitution und Klassenkampf. Schriften und Reden 1966–1970*, Frankfurt/Main: Verlag Neue Kritik 1971

Kraushaar, Wolfgang: *1968. Das Jahr, das alles verändert hat*, München: Piper Verlag 1998

Kuby, Erich: »Hoffnung Prag«, in: N. Weißenborn (Hrsg.): *Prag und die Linke*. Hamburg: konkret Verlag Klaus Rainer Röhl 1968, S. 12

Malcolm X: *The Autobiography of Malcolm X*, with the assistance of Alex Haley, New York: Grove Press 1966; deutsche Ausgabe: Haley, Alex (Hrsg.): *Der schwarze Tribun. Malcolm X. Eine Autobiographie*, Frankfurt/Main: S. Fischer Verlag 1966

Marcuse, Herbert: *Der eindimensionale Mensch. Studien zur Ideologie der fortgeschrittenen Industriegesellschaft*, Neuwied/Westberlin: Luchterhand 1968 (Boston/Mass.: Beacon Press 1964)

Marcuse, Herbert: »Repressive Toleranz«, in: Robert Paul Wolff / Barrington Moore / Herbert Marcuse: *Kritik der reinen Toleranz*, Frankfurt/Main: Suhrkamp Verlag 1966

Marcuse, Herbert: *Das Ende der Utopie. Herbert Marcuse diskutiert mit Studenten und Professoren Westberlins an der Freien Universität Berlin über die Möglichkeiten und Chancen einer politischen Opposition in den Metropolen in Zusammenhang mit den Befreiungsbewegungen in den Ländern der Dritten Welt*, Westberlin: Verlag v. Maikowski 1967

Marcuse, Herbert / Popper, Karl: *Revolution oder Form? Eine Konfrontation,* hrsg. v. Franz Stark, München: Kösel Verlag 1971

Meinhof, Ulrike: »Jürgen Bartsch und die Gesellschaft«, in: *konkret* 1/1968

Meinhof, Ulrike: »Gegen-Gewalt«, in: *konkret* 2/1968

Meinhof, Ulrike: »Wasserwerfer – auch gegen Frauen«, in: *konkret* 4/1968

Meinhof, Ulrike: »Falsches Bewusstsein«, in: Christa Rotzoll: *Emanzipation und Ehe*, München: Delp'sche Verlagsbuchhandlung 1968, S. 33–50

Meinhof, Ulrike: »Vom Protest zum Widerstand«, in: *konkret* 5/1968

Meinhof, Ulrike: »Der Schock muss aufgearbeitet werden«, in: N. Weißenborn (Hrsg.): *Prag und die Linke*. Hamburg: konkret Verlag Klaus Rainer Röhl 1968, S. 58–60

Meinhof, Ulrike: »Der Papst – die Pille«, in: *konkret* 9/1968

Meinhof, Ulrike: *Die Würde des Menschen ist antastbar. Aufsätze und Polemiken*, Berlin: Verlag Klaus Wagenbach 1992

Meinhof, Ulrike: *Deutschland, Deutschland unter anderm. Aufsätze und Polemiken*, Berlin: Verlag Klaus Wagenbach 1995 (Originalausgabe)

Mosler, Peter: *Was wir wollten, was wir wurden. Studentenrevolte – zehn Jahre danach*, Reinbek bei Hamburg: Rowohlt Taschenbuch Verlag 1978

Nationalrat der Nationalen Front der DDR / Dokumentationszentrum der Staatlichen Archivverwaltung der DDR (Hrsg.): *Braunbuch. Kriegs- und Naziverbrecher in der Bundesrepublik. Staat, Wirtschaft, Armee, Verwaltung, Justiz, Wissenschaft*, Berlin: Staatsverlag der DDR 1968 (1965)

Nirumand, Bahman: *Persien, Modell eines Entwicklungslandes oder Die Diktatur der Freien Welt*, Reinbek bei Hamburg: Rowohlt Taschenbuch Verlag 1967

Otto, Karl A.: *Vom Ostermarsch zur APO. Geschichte der außerparlamentarischen Opposition in der Bundesrepublik 1960–70*, Frankfurt am Main / New York: Campus 1982 (1977)

Otto, Karl A.: *APO. Die außerparlamentarische Opposition in Quellen und Dokumenten (1960–1970)*, Köln: Pahl Rugenstein 1989

Podewin, Norbert: *Der Rabbinersohn im Politbüro. Albert Norden – Stationen eines ungewöhnlichen Lebens,* Berlin: edition ost 2003 (2001)

RAF/BRD, c/o Internationales Komitee zur Verteidigung politischer Gefangener in Westeuropa – Sektion BRD/Stuttgart (Hrsg.): *texte: der RAF*, Malmö (Schweden): Verlag Bo Cavefors 1977

Reidemeister, Helga: *Aufrecht gehen. Rudi Dutschke – Spuren*. Film, WDR 1988

Reisner, Stefan (Hrsg.): *Briefe an Rudi D.*, hrsg. v. Bernward Vesper, Voltaire Flugschriften 19, Vorwort Rudi Dutschke, Frankfurt/Main: Edition Voltaire 1968

Republikanischer Club: »Wortprotokoll der Diskussion vom 6.12.1968«, in: *Extra-Dienst* v. 11. und 14.12.1968; http://www.infopartisan.net/archive/1967/266 799.html

Republikanischer Club Westberlin (Hrsg.): »Springer enteignen? Materialien zur Diskussion«, Westberlin: Oberbaumpresse [vermutlich 1967]

Röhl, Klaus Rainer: *Fünf Finger sind keine Faust*, München: Universitas Verlag 1998 (1974)

Ruetz, Michael: »*Ihr müsst diesen Typen nur ins Gesicht sehen*«. *APO Berlin 1966–1969. Fotografien.* Texte von Tilman Fichter und Siegward Lönnendonker, Frankfurt am Main: Zweitausendeins 1980

SDS und Internationales Nachrichten- und Forschungs-Institut (INFI) (Hrsg.): *Der Kampf des vietnamesischen Volkes und die Globalstrategie des Imperialismus. Internationaler Vietnamkongress 17./18. Februar 1968 Westberlin*, Westberlin: INFI 1968

Soukup, Uwe: *Wie starb Benno Ohnesorg? Der 2. Juni 1967*, Berlin: Verlag 1900, 2007

Treulieb, Jürgen: »Rudi Dutschke und der bewaffnete Kampf. Einspruch gegen eine unseriöse Legendenbildung«, in: *Kommune* 5/2007, S. 18 ff.

Vesper, Bernward (Hrsg.): *Bedingungen und Organisation des Widerstandes. Der Kongress in Hannover. Protokolle, Flugblätter, Resolutionen*, Westberlin: Voltaire Verlag 1967

Vesper, Bernward: *Die Reise. Romanessay.* Nach dem unvollendeten Manuskript herausgegeben und mit einer Editions-Chronologie versehen von Jörg Schröder. Jossa: März Verlag 1977

Weiss, Peter: *Vietnam!*, hrsg. v. Bernward Vesper, Voltaire Flugschriften 1, Frankfurt/Main: Edition Voltaire [vermutlich 1967]

Weiss, Peter / Palmstierna-Weiss, Peter: *Bericht über die Angriffe der US-Luftwaffe und -Marine gegen die Demokratische Republik Vietnam nach der Erklärung Präsident Johnsons über die »begrenzte Bombardierung« am 31. März 1968*, hrsg. v. Bern-

ward Vesper, Voltaire Flugschriften 23, Frankfurt/
Main: Edition Voltaire 1968

Weiss, Peter: *Die Ästhetik des Widerstands*, Frankfurt/
Main: Suhrkamp (Band I: 1975; II: 1978; III: 1981)

Werkbund-Archiv (Dreßen, Wolfgang / Kunzelmann,
Dieter / Siepmann, Eckhard) (Hrsg.): *Nilpferd des
höllischen Urwalds: Situationisten, Gruppe SPUR,
Kommune I*, Katalog zur gleichnamigen Ausstellung
des Werkbund-Archivs 30.10.–1.12.1991, Gießen:
Anabas-Verlag 1991

Wiggershaus, Rolf: *Die Frankfurter Schule*, München:
Deutscher Taschenbuch Verlag 1988

Wulff, Erich [Alsheimer, Georg W.]: *Vietnamesische
Lehrjahre. Bericht eines Arztes aus Vietnam 1961–
1967*, Frankfurt/Main: Suhrkamp 1968

Wulff, Erich Adalbert: *Irrfahrten. Autobiografie eines
Psychiaters*, Bonn: Psychiatrie Verlag 2001

Bildnachweis

Seite 1 oben: Archiv Jutta Ditfurth/Lothar Wallek
         unten: picture-alliance/dpa/Fritz Reiss
Seite 2 oben und unten: Archiv Jutta Ditfurth
Seite 3 SV-Bilderdienst/AP
Seite 4 oben: ullstein bild/Schirner
         unten: SV-Bilderdienst/M. Vollmer
Seite 5 oben: ullstein bild/Ehlert (L)
         unten: Ruth Walz
Seite 6 oben: Associated Press
         unten: Berlin Press Services/Klaus Mehner
Seite 7 oben: ullstein bild/dpa
         unten: ullstein bild/Friedrich
Seite 8 Archiv Jutta Ditfuth

Hinweise

Ich freue mich über Kritik und Informationen, entweder per Post an: Jutta Ditfurth, c/o ÖkoLinX-ARL im Römer, Bethmannstr. 3, 60311 Frankfurt/Main, oder via E-Mail: jutta.ditfurth@t-online.de.

Weitere Informationen auf: www.jutta-ditfurth.de

Bisherige Buchveröffentlichungen u. a.:

Träumen Kämpfen Verwirklichen. Politische Texte, 1988

Lebe wild und gefährlich, 1991

Feuer in die Herzen, 1992

Was ich denke – Anders oder gleich, 1995

Blavatzkys Kinder (Krimi), 1995

Entspannt in die Barbarei. Esoterik, (Öko-)Faschismus und Biozentrismus, 1997/2003

Die Himmelsstürmerin (Historischer Roman über die Pariser Kommune von 1871), 1998

Das waren die Grünen, 2001

Durch unsichtbare Mauern – Wie wird so eine links? (Autobiografie), 2003

Ulrike Meinhof. Die Biografie, 2007